管理与创业实验丛书

江苏省实验教学与实践教育中心建设项目
江苏高校品牌专业建设工程资助项目（TAPP）

许玲燕 编著

人员素质测评
模拟 实训教程

SIMULATION TRAINING COURSE FOR
PERSONNEL QUALITY ASSESSMENT

编委会主任：梅 强

副 主 任：杜建国　张海斌　李国昊

成　　员：刘秋生　冯 缨　李 昕　刘晓松

　　　　　张怀胜　金 帅　张道海　李 雯

　　　　　杨晶照　赵广凤　贡文伟　陈 骏

　　　　　许玲燕　白光林　王建华　张书凤

　　　　　谢 刚　陈 洋　刘 曦

江苏大学出版社
JIANGSU UNIVERSITY PRESS

镇 江

内 容 提 要

本教程是根据人力资源管理专业主干课程之一《人员选聘与素质测评》的教学要求而编写的。全书由两个部分构成。第一部分是心理测评,介绍了"踏瑞人才测评教学系统"实验平台的功能和操作流程,涵盖了11大类31个心理测验量表;第二部分是脑象测评,利用"天智脑象测评系统"说明了脑象图测评的原理和技术、操作流程,通过对儿童、成人、特长生开展脑象测评解析脑象图测评报告。

本教程可作为本、专科所有专业开展人员素质测评的实验教材,也可供相关专业研究生和教师参考,还可成为各类人才测评培训和相关大学生人力资源管理竞赛的辅导用书。

图书在版编目(CIP)数据

人员素质测评模拟实训教程 / 许玲燕编著. —镇江:江苏大学出版社,2017.11
ISBN 978-7-5684-0687-1

Ⅰ.①人… Ⅱ.①许… Ⅲ.①人员测评—教材 Ⅳ.①C962

中国版本图书馆 CIP 数据核字(2017)第 293591 号

人员素质测评模拟实训教程
Renyuan Suzhi Ceping Moni Shixun Jiaocheng

编　　著/许玲燕
责任编辑/杨海濒
出版发行/江苏大学出版社
地　　址/江苏省镇江市梦溪园巷 30 号(邮编:212003)
电　　话/0511-84446464(传真)
网　　址/http://press.ujs.edu.cn
排　　版/镇江文苑制版印刷有限责任公司
印　　刷/虎彩印艺股份有限公司
开　　本/718 mm×1 000 mm　1/16
印　　张/7.75
字　　数/123 千字
版　　次/2017 年 11 月第 1 版　2017 年 11 月第 1 次印刷
书　　号/ISBN 978-7-5684-0687-1
定　　价/20.00 元

如有印装质量问题请与本社营销部联系(电话:0511-84440882)

前　言

　　人员选聘与素质测评是一门实践性、操作性很强的课程,需要通过上机测验和实践模拟等方法让学生加深对课程基本理论和方法的掌握,同时运用所学知识,围绕现实组织中的人员素质测评,发现问题、分析问题和解决问题,促使理论与实践的有机结合。

　　人员素质测评实验课程是人员选聘与素质测评教学课程中的一个重要环节,通过一系列上机测验和脑象图模拟测评,使学生亲身体验、亲身实践各项测评工具,了解自身具备的各项素质,发掘优势,为将来的职业生涯规划做出更好的选择。

　　本实验课程分为两大部分,分别使用了上海踏瑞计算机软件有限公司的"踏瑞人才测评教学系统"和北京天智脑象科技有限公司的"天智脑象测评系统"两个软件。应用"踏瑞人才测评教学系统"开展瑞文标准推理测验、卡特尔16种人格因素问卷等31种经典心理测验;应用"天智脑象测评系统"开展儿童、成人和特长生的脑象图测评,为学生提供多种测评工具,通过实际的测验,体验其信效度及该测验在现代人员素质测评中的具体运用。

　　《人员素质测评模拟实训教程》力求通过详尽的心理测评量表、先进的脑象图测评技术、详细的操作步骤等内容的设置和描述,为学生提供比较规范、适用、系统的人员素质测评实验内容体系,指导学生完成相关实验项目,培养学生的"识人"能力和测评操作技能。

　　由于不同专业、不同教学对象及教学课时的安排不尽相同,教师可根据本校、本专业的教学目标要求,选择其中的若干项目对学生进行实训。

　　由于编者水平有限,加之时间仓促,书中难免存在疏漏与不足,敬请广大读者给予批评指正。

编　者

2017 年 8 月

目　录

第一部分　心理测评

一、"踏瑞人才测评教学系统"软件介绍

本课程选择了上海踏瑞计算机软件有限公司的"踏瑞人才测评教学系统"软件作为实训平台。"踏瑞人才测评教学系统"主要用于解决实验教学中的几点困惑：

（1）教学和科研中缺乏信效度较高的标准化心理测量工具；

（2）人才测评理论限于课堂讲述，学生很难有直观认知；

（3）传统的纸笔测试实验教学方式费时费力且效果不佳；

（4）人才测评前沿实战案例的获取渠道有限。

"踏瑞人才测评教学系统"的目标是为大学生开展人才测评提供一个实训平台，使人才测评工具真正得到实践运用，其特色主要体现在以下六个方面：

（1）11大类31套经典测评量表为"行业最全"；

（2）岗位胜任力测评可全面评估经管类"学生常见岗位能力"；

（3）ONET个性测试可全面测查"学生职业素质"现状；

（4）创业能力测评为大学生创新创业"指点迷津"；

（5）量表自定义支持老师个人"科研成果"及时"转化为测评产品"；

（6）全面即时的数据管理功能可"批量管理学生实验进度及报告"。

"踏瑞人才测评教学系统"的量表清单见表1-1。

表 1-1　31 套经典测评量表

模块	测验名称	内容简介
经典智力测验	1. 瑞文标准推理测验	国际最流行的非文字类智力测验。
能力倾向测验	2. 语言能力测验	以经典的能力倾向分类为基础,从言语理解与应用、数学运算、逻辑推理、空间关系判断、知觉速度、资料分析六个方面加上判断思维(Critical Thinking)能力,全方位考查测试者的能力素质水平。
	3. 数学运算能力测验	
	4. 逻辑能力测验	
	5. 空间关系判断测验	
	6. 知觉速度测验	
	7. 资料分析能力测验	
	8. 批判思维能力测验	
人格特质量表	9. 卡特尔 16 种人格因素问卷(16PF)	以经典的卡特尔 16PF 测验为基础进行最新修订,能够全面衡量个体的个性特征,帮助其了解自己的个性特点,确定职业方向和挖掘职业发展潜能。
	10. 艾森克人格问卷(EPQ)	以艾森克编制的人格问卷为基础进行最新修订,用于测量个体人格特质的经典量表。
	11. 加州心理问卷(CPI)	美国加州大学心理学教授 Gough 设计的加州心理问卷(California Psychology Inventory,CPI),对个体的思维风格、人际交往、个性成熟度、性格特征等方面作全面客观的考查。
人格类型量表	12. 气质调查表	在陈会昌等编制的气质调查表基础上进行最新修订,基于多血质、胆汁质、黏液质和抑郁质四种典型气质,考查个体的气质类型。
	13. 行为风格问卷	以荣格的人格理论为基础,参考 MBTI 问卷编制的最新人格类型量表,考查个体的行为风格、思维模式等特点。
职业心理健康类量表	14. SCL-90 心理健康测验	SCL-90 症状自评量表是目前世界上比较通用的心理健康测试工具之一,主要用于评定个体是否具有某种心理症状及其严重程度如何,可用于自评和他评。
	15. 焦虑自评量表(SAS)	应用最广泛的焦虑评定量表之一,由 Zung 编制,能迅速反映出个体主观感受到的焦虑状态的轻重程度,易于操作,简便省时。

续表

模块	测验名称	内容简介
职业心理 健康类量表	16. 抑郁自评量表（SDS）	为心理咨询、企业管理、精神医学等多个领域最常用的心理测量工具之一，由 Zung 编制，用于衡量抑郁状态的轻重程度及其在治疗中的变化。
	17. 职业倦怠测验	以 Maslach 的职业倦怠理论为基础，考查个体对当下所从事的职业倦怠程度。
	18. 工作压力问卷	考查个体感受到的工作压力程度，以及压力来源情况。
职业适应性测验	19. 霍兰德职业兴趣测验	基于霍兰德的职业兴趣理论，测量个体的职业兴趣类型，分析其适合的工作岗位，优势和劣势，以及可能的发展方向。
	20. 职业锚问卷	以 E. H. 施恩提出的"职业锚理论"为基础开发的职业锚测验，考查人们内心深层次价值观、能力和动力的整合体。
	21. 职业价值观量表	基于当前职业价值观研究的最新进展，开发的用于考查个体职业价值观特点的工具。
组织诊断测验	22. 员工满意度调查问卷	对企业管理进行全方位的诊断，为企业组织制订战略规划，发展企业文化，提升人力资源质量提供"温度计"。
	23. 组织承诺调查问卷	调查个体投入组织及认同组织的程度，可配合员工满意度调查为组织制定和调整管理方针提供参考依据。
管理行为类测验	24. 领导风格测验	以美国俄亥俄州立大学的领导研究得出的结果为基础，即领导行为模式有两个主要维度——关心人与关心工作，开发的领导风格测验，可以对个体的领导风格做出评估。既可帮助个体发展自己的领导力，也可在甄选管理者的过程中提供参考依据。
	25. 团队角色问卷	以贝尔宾的团队角色理论为基础开发的问卷，可以考查团队中各成员所担当的角色特征，可为团队建设提供有价值的参考，使得团队班子的搭建趋于合理，提高团队运作能力和效率。

续表

模块	测验名称	内容简介
专项能力测评	26. 销售能力测验	根据销售人员所必备的能力素质模型开发而成,可作为对销售人员进行招聘筛选的素质测评工具。
	27. 管理能力自评	根据管理人员应具备的一般管理能力素质模型开发而成,帮助个体了解自己的管理潜能情况。
大学生创业能力测评	28. 威廉斯创造力量表	帮助大学生了解自己的创业意愿、创造能力等情况。
	29. 发散思维测验	
	30. 创业动力问卷	
人岗匹配测评	31. 工作个性量表	依据美国劳工部 O＊NET 工作个性模型开发,测量工作领域中的人格特质。

"踏瑞人才测评教学系统"可以直接导出测验报告,详见以下几个实例,如图 1-1 ~ 图 1-4 所示。

卡特尔16种人格因素测验(16PF)		1 2 3 4 5 6 7 8 9 10	
5	抑郁,缄默,孤独,对人冷漠,宁愿独自工作。	乐群性 · · · · ■ · · · · ·	外向,热情,乐群,和蔼可亲,容易与人相处,适应能力强。
5	思维缓慢,学识不高,抽象思维能力较弱。	聪慧性 · · · · ■ · · · · ·	聪明,富有才能,善于抽象思维。
7	情绪容易激动,烦恼多,容易受环境影响。	稳定性 · · · · · · ■ · · ·	情绪稳定,能面对现实,有魄力,能沉着应付各种问题。
6	谦虚、顺从、通融、恭顺。	恃强性 · · · · · ■ · · · ·	好强固执,独立性强,有主见,但容易自以为是。
10	严肃、审慎、冷静、寡言,内省,处世消极。	兴奋性 · · · · · · · · · ■	轻松兴奋,随遇而安。通常活泼、愉快、健谈。
3	敷衍随意,马虎,负责感不强,没有远大理想。	有恒性 · · ■ · · · · · · ·	尽职尽责,工作细心周到,有始有终
8	畏怯退缩,缺乏信心,自卑,羞怯。	敢为性 · · · · · · · ■ · ·	冒险敢为,少有顾忌,但粗心大意,忽略细节。

图 1-1　16PF 测评报告示例

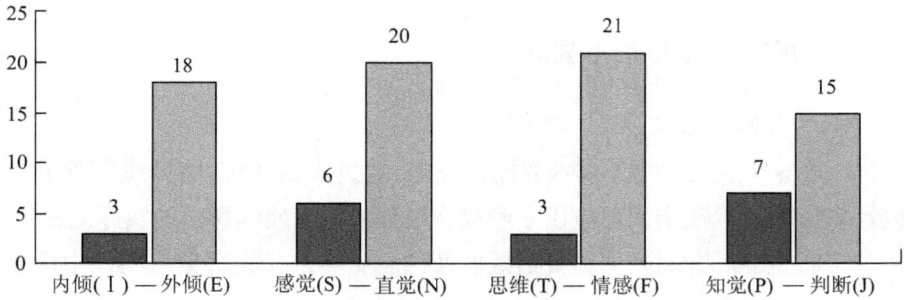

请记住,您的性格类型为:INFJ

图 1-2 MBTI 测评报告示例

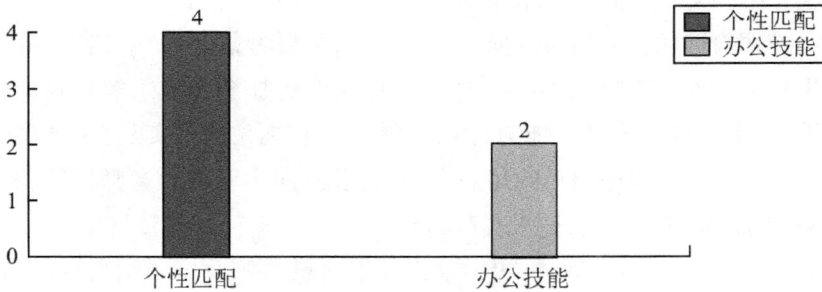

图 1-3 人岗匹配测评报告示例

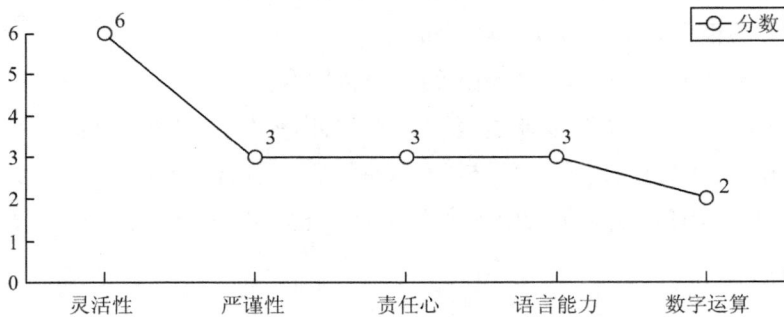

图 1-4 基本潜能测评报告示例

二、实验目标与基本要求

（一）实验目标

1. 培养学生人才测评技术的操作技能，通过实训演练，将课堂所学的心理测验基础理论系统、全面地应用于解决和处理人员素质测评中的实际问题；

2. 通过实际的测验，体验其信效度及该测验在现代人员素质测评中的具体运用，灵活运用各种人员素质测评工具，客观分析测评结果。

（二）实验要求

1. 认真阅读测验相关的"测验信息""理论背景"模块中关于本测验的基础理论，务必在开始测试前对测验形成一个初步的整体印象。

2. 按照自己的真实想法选择每一个答案，不要考虑所谓"对错"的问题，务求获得对自我最真实的测评结果，通过测评实践更加全面地了解自身的素质，从而有利于提高个人素质和能力，为以后走上工作岗位提供实践基础和指导。

3. 关注测评过程中出现的每一个问题，及时向实验指导老师反映，并如实记录相关问题与解决方法，记入实验结果。

4. 实验完成后，认真思考"思考题"并请将思考题与思考结果一并写入实验报告。

5. 在所有实验完成后，严格依据实验过程和测评结果报表书写实验报告。提交的实验报告至少包括以下两个部分：

（1）测评系统提供本人的测评结果报告样本；

（2）本人对"系统""实验过程""测验""测评报告"的理性分析。主要结合所学的知识，从测验的"可信度"与"有效性"等方面进行分析。

6. 成绩考核以实验报告中的个人分析情况为主，综合考虑实验态度和实验完成情况。

三、实验课程安排

根据实验内容及教学课时的要求，做以下安排：以每课时 45 分钟计算，教师可以根据具体的教学要求对其中的实验进行选择，见表 1-2。

表1-2　实验内容及课时安排

编号	测验类别	上机课时
1	基本潜能	
2	人格特质	2
3	人格类型	
4	职业心理健康	
5	经典智力测验	
6	职业适应性	1
7	组织诊断	
8	管理行为	
9	专项能力	
10	大学生创业能力	1
11	人岗匹配素质测评	

四、"踏瑞人才测评教学系统"操作流程

（一）用户角色及操作任务

"踏瑞人才测评教学系统"平台采用用户角色架构,切合教学管理实际情况,方便教师、教学秘书进行教学管理。在用户角色架构中分配了boss、教师和学生三种用户角色,各个用户角色的功能、操作任务及其相互关系,如图1-5所示。

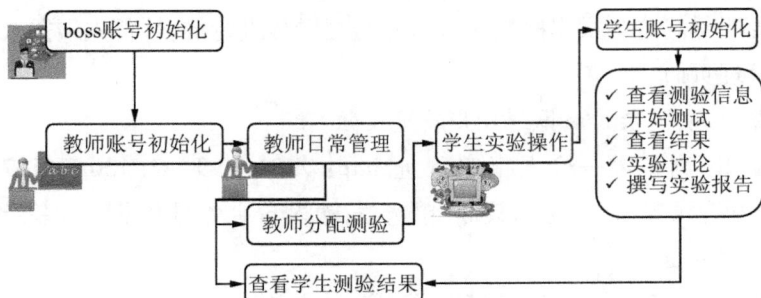

图1-5　"踏瑞人才测评教学系统"操作流程框架

系统中各用户角色的操作任务都可在相应的菜单下实现,各用户角色的操作任务与对应的菜单详见表1-3。表中各账户下列出了该账户所有可行的操作任务,各菜单栏右侧列出了该菜单下可实现的所有功能,用户所要完成的每一项操作任务在对应的菜单下即可实现。

表1-3　用户任务操作指南表

任　务	boss	teacher	student
我的设置	√	√	√
修改密码	√	√	√
用户管理	√	√	×
新建用户	√	√	×
编辑班级	√	×	×
导入学生	√	√	×
新增学生	√	√	×
删除学生	√	√	×
分配实验	√	√	×
上传学习资料	√	√	×
下载学习资料	√	√	√

（二）系统初始化设置

1. boss 账号初始化

对 boss 账号进行初始化设置主要是对 boss 账号的基本信息进行设置,以及生成教师账号。这些操作都是在 boss 账号登录后进行的,故首先须登录 boss 账号用户管理页面。

步骤(1):登录 boss 账号用户管理页面

打开 IE 浏览器—输入指定网址 http://121. 199. 42. 130:31107/Login. aspx—打开登录界面—选择"教师"单选框,输入 boss 账号和密码—登录 boss 账号用户管理页面。

步骤(2):修改个人基本信息与密码

登录 boss 账号用户管理页面—单击菜单栏"我的设置"按钮—输入个人相应信息—单击"保存"按钮。

步骤(3)：生成教师账号(见图1-6)。

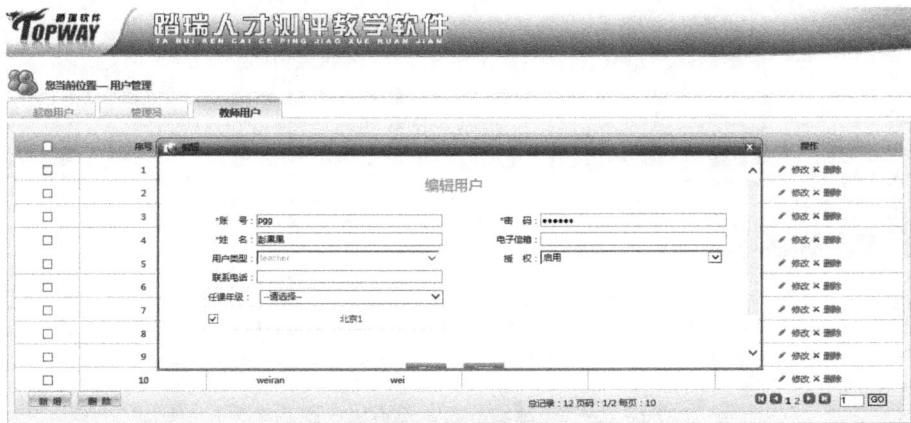

图1-6　基于boss角色设置教师账号

除了"修改个人基本信息"这一必要的操作外，boss还需生成系统管理员的账号。具体操作步骤如下：登录boss账号用户管理页面—单击菜单栏"用户管理"右边的导航栏"管理员"—单击界面左下角"新建"按钮，弹出"编辑用户"窗口—输入新账号的相关信息—单击"保存"按钮(注意：系统可以新建多个教师账号)。

2. 教师账号初始化

教师账号的初始化所包含的任务有修改个人基本信息和密码、生成班级并导入学生信息。

步骤(1)：登录教师账号页面

打开IE浏览器—输入指定网址—打开登录界面—选择"教师"单选框，输入教师账号和密码—单击"确定"按钮，打开教师账号用户管理页面。

步骤(2)：修改个人基本信息

登录教师账号用户管理页面—单击菜单栏"我的设置"按钮—输入个人相应信息—单击"保存"按钮，如图1-7所示。

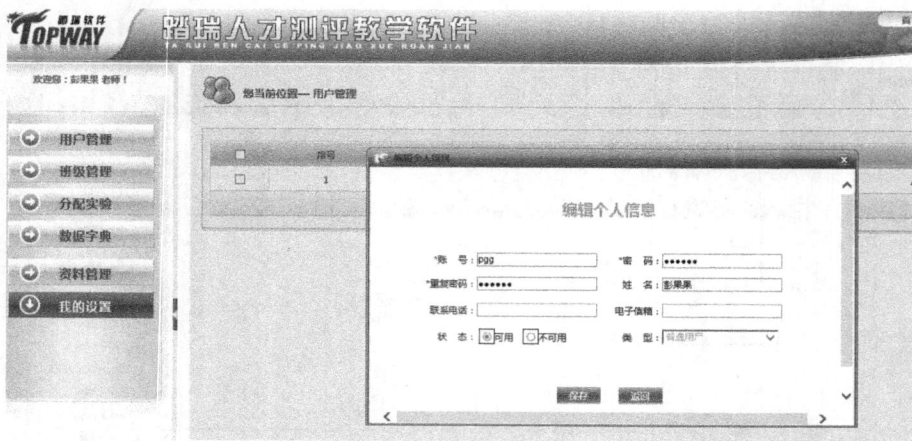

图 1-7　基于教师角色设置教师账户

步骤(3)：生成班级并导入学生信息

生成教师管理账号后，需要生成一个新的班级，并将相关学生的数据导入系统。生成班级必须在 boss 账号中完成，而导入学生信息任务在教师账号中也可实现，操作方法相同。具体操作步骤如下：

① 生成班级。登录教师账号用户管理页面—单击菜单栏中的"班级管理"按钮，打开班级管理页面—单击界面左下角"新建"按钮，弹出"编辑班级"窗口—根据窗口内容输入详细班级信息—单击"保存"按钮。

注意：填写班级信息中的"任课教师"信息时，需单击文本框右侧的下拉框，在教师列表中选中相应教师前的复选框，单击"保存"按钮完成输入。

② 导入学生信息。单击菜单栏"班级管理"按钮—单击班级列表中需导入数据班级右侧的"导入账户"按钮，系统弹出"学生导入"窗口—单击"数据模板下载"—按模板格式整理学生基本信息，并按指定文件格式保存—单击"浏览"导入该文件—单击"保存"按钮—刷新页面即可看见导入的相关信息。

③ 新增学生账号。在导入学生信息的操作中即可将特定班级的学生信息全部导入，如果在导入学生信息之后，还需加入某个或某些学生信息，可使用新增学生账号功能。

单击菜单栏"班级管理"按钮—选择要新增学生账号的班级—单击左下方的"新增"按钮—输入相应信息—单击"保存"按钮，如图 1-8 和图 1-9 所示。

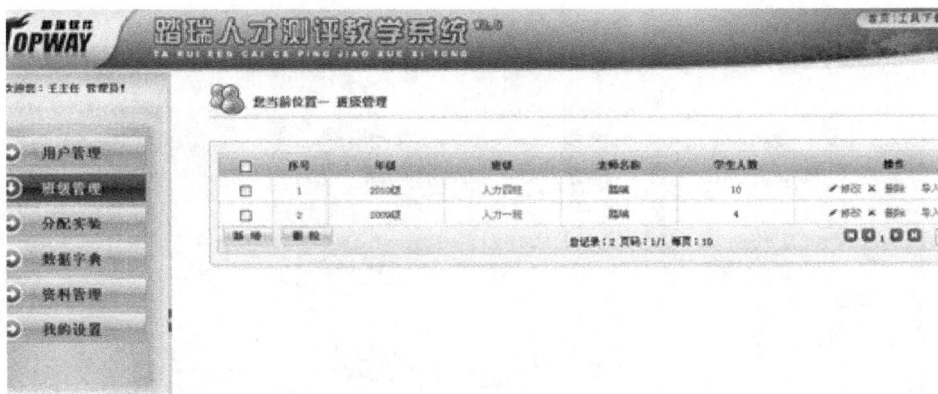

图1-8 基于教师角色设置学生账号

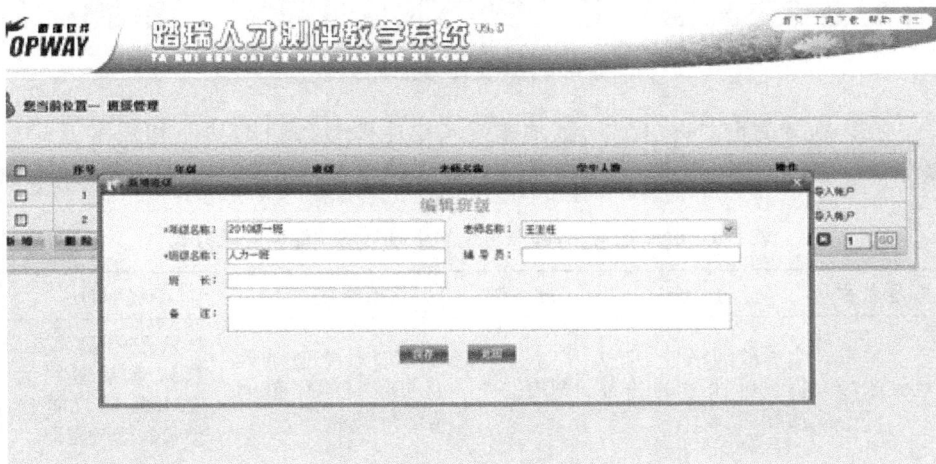

图1-9 基于教师角色设置班级账号

3. 学生账号初始化

学生输入 IP 地址,进入软件登录界面(见图1-10),找到教师设置的班级,输入用户名和密码进入系统。注意:用户名是学生学号,初始密码是 123456,建议首次登录后修改密码。

图 1-10　学生账号登录界面

在系统设置时,boss 账号、教师账号及学生账号各自的功能和登录方式见表 1-4。

表 1-4　boss 账号、教师账号及学生账号的功能和登录方式

账号名称	功　　能	数　　量	登录方式	备　　注
boss 账号	生成教师账号,并包括教师账号的各种功能	只有一个	在踏瑞系统登录界面选定"教师"单选框进行登录	默认账号为 boss,默认登录密码为123456,建议首次登录后修改密码
教师账号	负责学生的实验操作管理,包括给学生分配实验、查看学生测验结果等	多个	在踏瑞系统登录界面选定"教师"单选框进行登录	
学生账号	登录后可根据教师分配的实验展开测验,查看结果及进行讨论	多个	在踏瑞系统登录界面选定"学生"单选框进行登录	新增学生账号的登录账号是学生学号,密码是123456,建议首次登录后修改密码

（三）授课教师日常管理

授课教师的日常管理工作主要包括对学生分配实验、查看学生测验结果,具体内容见图 1-11。详细步骤如下：

1. 对学生分配实验

① 选择实验。登录教师账号,在菜单栏选择"分配实验"界面—在导航栏下面的实验列表中单击需要实验的量表和技术,在"测评分配"下面,在序号前面的小框里打"√"—单击下方的"分配实验"(见图 1-12)或者试卷后面的"分配实验"—弹出一个班级列表—在班级前面的小框打"√"对全班学生进行分配,也可单击学生栏下面的"详细"栏,会自动弹出全班学生列表,也可对个别学生进行分配,见图 1-13 和图 1-14。具体的任务和方法详见表 1-5。

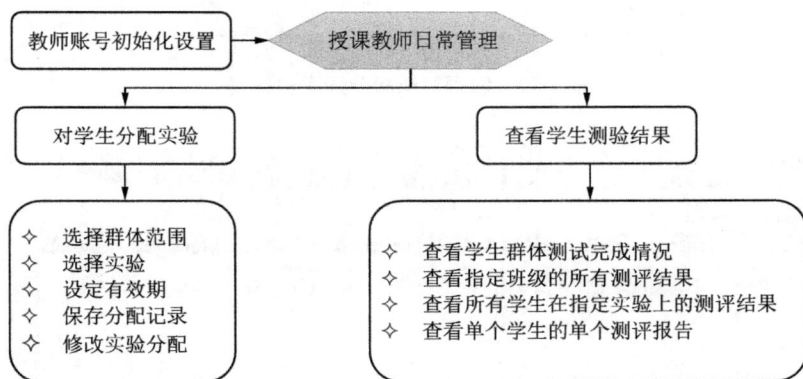

图 1-11 教师授课日常管理流程

图 1-12 教师分配实验

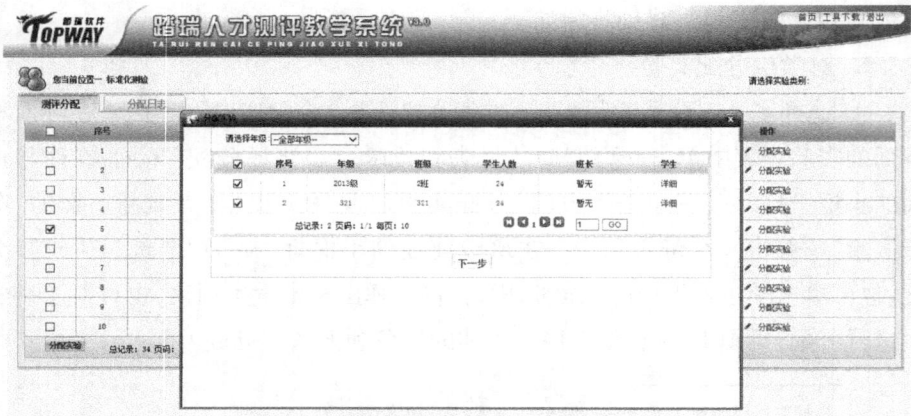

图 1-13　教师对班级分配实验(一)

图 1-14　教师对班级分配实验(二)

表 1-5　教师分配实验的任务与方法

操作任务	操作方法
给单个班级分配实验	单击菜单栏"分配实验"按钮选中量表或技术,看到"测评分配"—选中量表或技术前的小框—单击量表或技术后的"分配实验"按钮,进入分配实验界面—选中班级前面的小框,单击界面下面的"下一步"—选择"分配时间"和"结束时间"—单击"保存"按钮即分配成功

操作任务	操作方法
给多个班级分配实验	单击菜单栏"分配实验"按钮选中量表或技术,看到"测评分配"—选中量表或技术前的小框—单击量表或技术后的"分配实验"按钮,进入分配实验界面—选中多个班级前面的小框,单击界面下面的"下一步"—选择"分配时间"和"结束时间"—单击"保存"按钮即分配成功
给单个学生分配实验	单击菜单栏"分配实验"按钮选中量表或技术,看到"测评分配"—选中量表或技术前的小框—单击量表或技术后的"分配实验"按钮,进入分配实验界面—选中学生栏下面的"详细"按钮—进入全班学生界面—选中学生账号前面的小框,单击界面下面的"下一步"—选择"分配时间"和"结束时间"—单击"保存"按钮即分配成功
给多个学生分配实验	单击菜单栏"分配实验"按钮选中量表或技术,看到"测评分配"—选中量表或技术前的小框—单击量表或技术后的"分配实验"按钮,进入分配实验界面—选中学生栏下面的"详细"按钮—进入全班学生界面—选中多个学生账号前面的小框,单击界面下面的"下一步"—选择"分配时间"和"结束时间"—单击"保存"按钮即分配成功

② 设定有效期。选择实验之后,单击"起始日期"后面的小日历图标,单击相应日期—单击"终止日期"后面的小日历图标,单击相应日期。

③ 保存结果。设定所选实验及实验有效期后,单击"禁止"或"允许"查看报告前的单选按钮—单击"确定"按钮—系统提示"分配成功"后,单击"确定"按钮。

④ 修改实验分配。单击导航栏"分配日志"按钮—单击"分配日志"界面中的"修改"按钮—重新进入分配界面—重新分配保存。

2. 查看学生测验结果

单击导航栏中的"分配日志"按钮,即可看到分配实验的完成情况—单击"操作"下面的"详细"按钮即可查看学生的试卷完成情况,也可导出数据查看学生完成一半的情况。

（四）学生实验操作

学生输入用户名和密码后,进入系统开始实验。具体步骤如下:

① 进入系统,阅读指导语后,开始测试,如图 1-15 所示。

图 1-15　学生实验操作指导语提示

②进入测试界面,开始测试,注意右上方显示的时间限制,如图 1-16 所示。

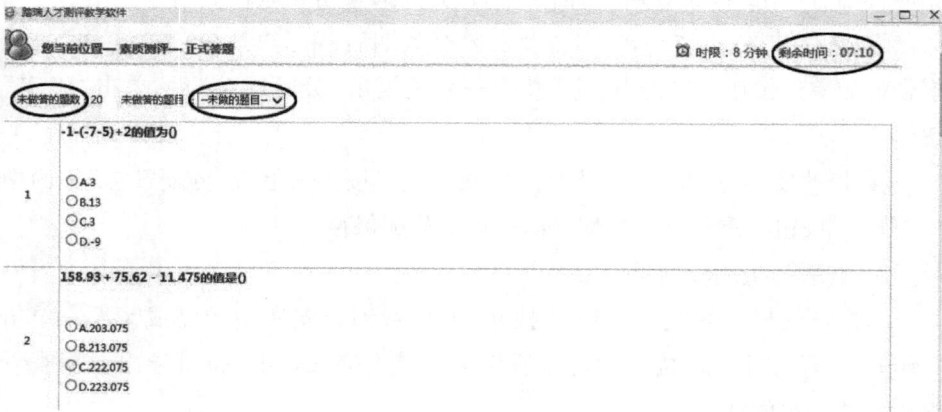

图 1-16　学生实验操作时间提示

③提交答案后,实验列表由未完成测试跳转到已完成的测试选项卡。同时,学生可以查看成绩、答案及报告,并且可以下载测试报告,如图 1-17 所示。

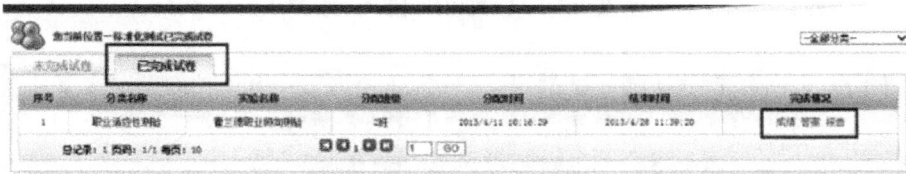

图 1-17　学生查看成绩、答案及报告

④ 学生成绩展示，如图 1-18 所示。

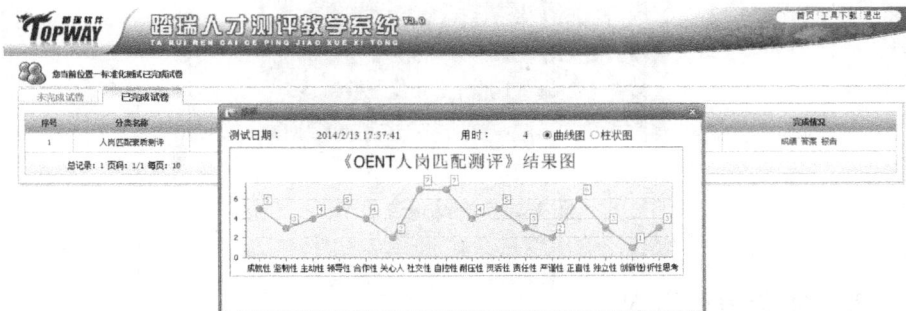

图 1-18　学生成绩展示

⑤ 测试答案展示，如图 1-19 所示。

图 1-19　测试答案展示

⑥ 实验报告下载，提供 WORD 和 PDF 格式，如图 1-20 所示。

图 1-20　测试报告展示

五、实验项目指导

实验项目一：基本潜能测验

基本潜能，又称能力倾向，是指个体所具有的潜在能力，根据在此项能力测验上的得分，个体可以全面了解自己的能力倾向中的优势和不足，以更加科学地预测其未来发展的可能性。本测验是在吸收 GATB 思想精华的基础上，以中国大陆文化为背景自行编制的本土化测验量表。一般能力倾向测验所涉及的范畴主要有词汇知识、语言运用、段落理解、拼写、数字运算、数学推理、抽象推理、语言推理、机械理解、空间关系、文书速度与准确性、译码速度、手指灵活性和手臂的灵活性等，详见表 1-6。

表 1-6 基本潜能测验的类别

测验类别	测验名称	信 度
基本潜能	1. 语言能力测验	0.90
	2. 数字运算能力测验	0.89
	3. 逻辑推理能力测验	0.88
	4. 批判思维能力测验	0.91
	5. 空间关系能力测验	0.88
	6. 资料分析能力测验	0.83
	7. 知觉速度测验	0.86

测验 1 语言能力测验

1. 测验信息

中文名称：语言能力测验

英文名称：Verbal Ability Test

简　　称：VAT

题目数量：25 题

答题时间：20 分钟

版　　本：2011 最新修订版

常模人群：各类人员 1 000 人

2. 测验目的

（1）以挖掘中文语文理解和运用潜能、掌握测验方法为目的，完成语言能力测验；

（2）了解自身语言能力，客观评价自身的优劣势，从而能够更好地改进不足，更合理地规划职业生涯；

（3）了解语言能力测验的内容和要求，掌握方法和流程，学会解读报告，分析被测者的语言能力，从而熟练运用语言能力测验展开人员素质测评。

3. 测验要求

在"踏瑞人才测评教学系统"软件平台上，所有学生在 20 分钟内完成语言能力测验的 25 道题，查看并导出测评结果。

4. 测验步骤

（1）启动系统，以学生账户登录，单击左边"实验项目"下的"标准化测验"，找到"语言能力测验"，单击进入相应测验界面（见图 1-21）。

图 1-21　语言能力测验登录界面

（2）单击"开始测试"。

（3）开始测试后，在页面右上角可以看到测试倒计时，左上角可以看到已完成的题目和还没有完成的题目。学生根据自己的实际情况填写问题，完成后单击"提交"，见图 1-22。

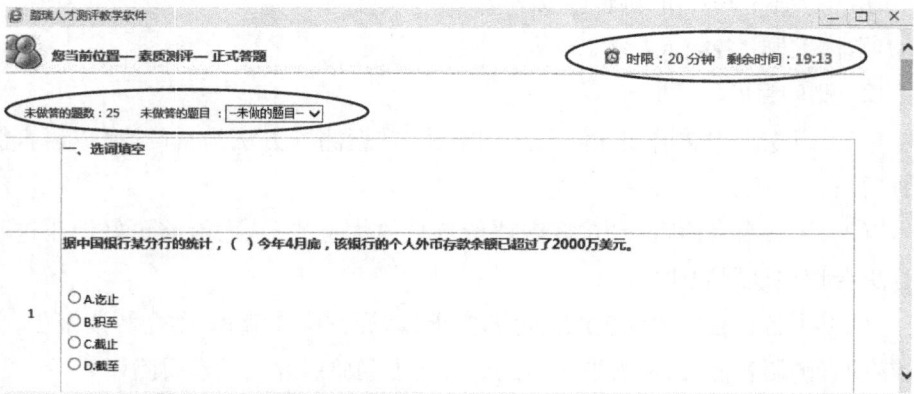

图 1-22　语言能力测验界面

（4）当学生没有完成全部题目就单击"提交"按钮时，系统会提示，学生可以通过上图中的未完成题目进行查询，把未完成的题目完成；或者单击图1-23中的"提交"按钮，直接提交。

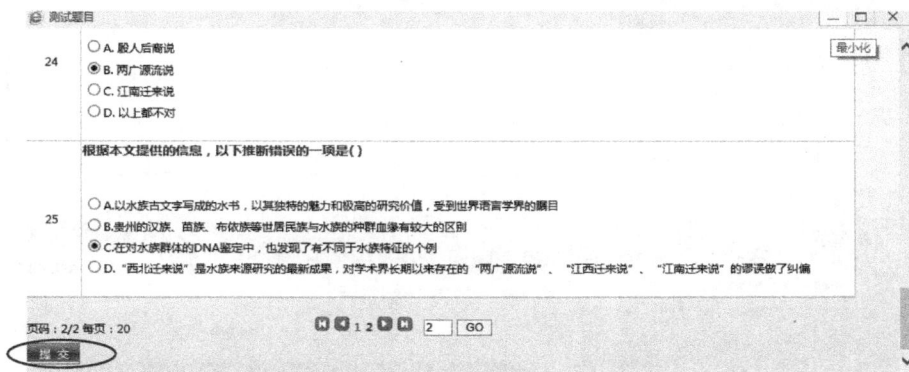

图1-23 语言能力测验提交界面

（5）结束测试后在"已完成试卷"中可以查看刚完成测试的实验，见图1-24。

图1-24 语言能力测验完成界面

（6）查看测试成绩，查看并下载测试报告，见图1-25。

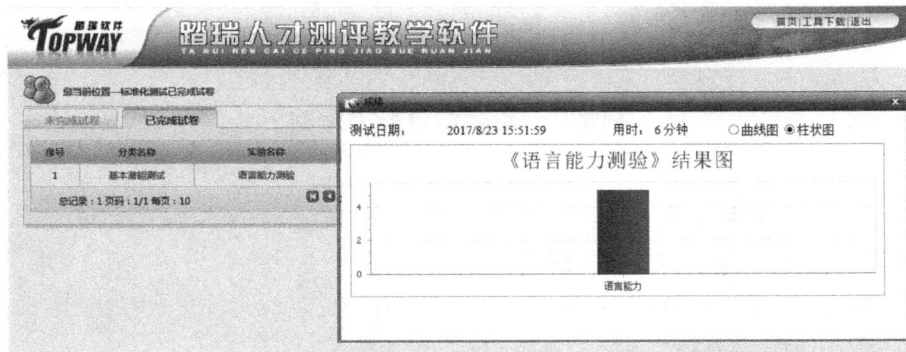

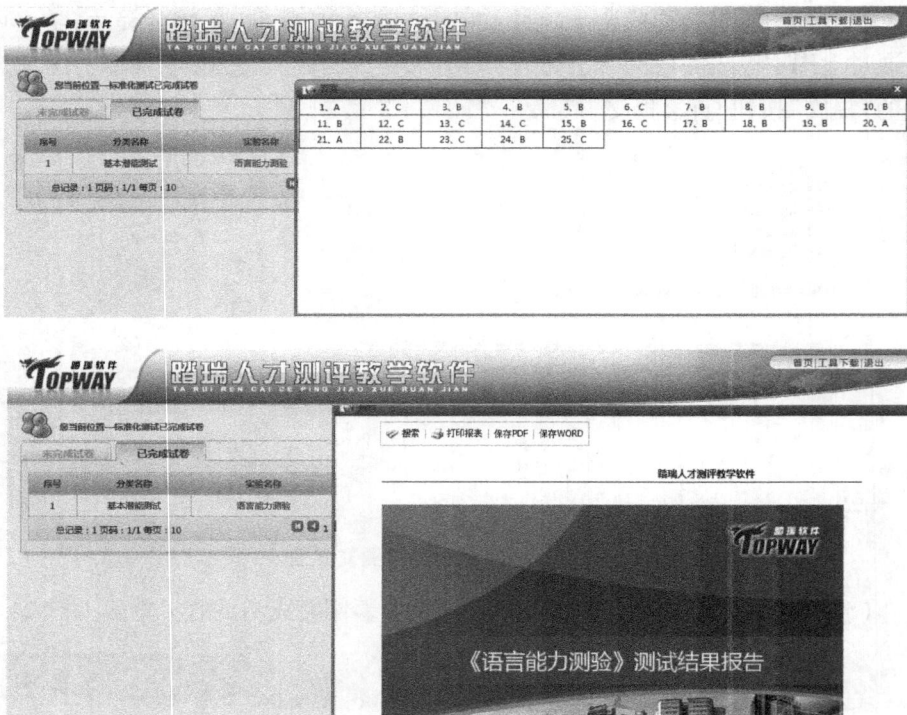

图1-25 语言能力测验结果、答案及报告下载界面

（7）思考以下问题：

① 语言能力测试的功能，主要测评了哪些语言能力？

② 语言能力测试的实际应用范围？主要适合哪些人员的选拔？

③ 语言能力测试的结果和你的实际语言能力相符合吗？

④ 与其他的能力测验相比，你的语言能力有优势吗？

测验2 数字运算能力测验

1. 测验信息

中文名称：数字运算能力测验

英文名称：Numerical Operation Ability Test

简　　称：NOAT

题目数量：20 题

答题时间：8 分钟

版　　本：2011 最新修订版

常模人群：各类人员 1 000 人

2. 测验目的

（1）以发掘数量关系的理解及快速运算潜能、掌握测验方法为目的，完成数字运算能力测验；

（2）了解自身数字运算潜能，客观评价自身的优劣势，从而能够更好地改进不足，更合理地规划职业生涯；

（3）了解数字运算能力测验的内容和要求，掌握测验方法和流程，学会解读测验报告，根据不同的岗位要求，分析被测者的数字运算能力，从而更好地利用该测评方法进行人员素质测评。

3. 测验要求

在"踏瑞人才测评教学系统"软件平台上，所有学生在 8 分钟内完成数字运算能力测验的 20 道题，查看并导出测评结果。

4. 测验步骤

（1）启动系统，以学生账户登录，单击左边"实验项目"下的"标准化测验"，找到"数字运算能力测验"，单击进入相应测验界面（见图 1-26）。

图 1-26　数字运算能力测验登录界面

（2）单击"开始测试"。

（3）开始测试后，在页面右上角可以看到测试倒计时，左上角可以看到已完成的题目和还没有完成的题目，见图1-27。学生根据自己的实际情况填写问题，完成后单击"提交"按钮。

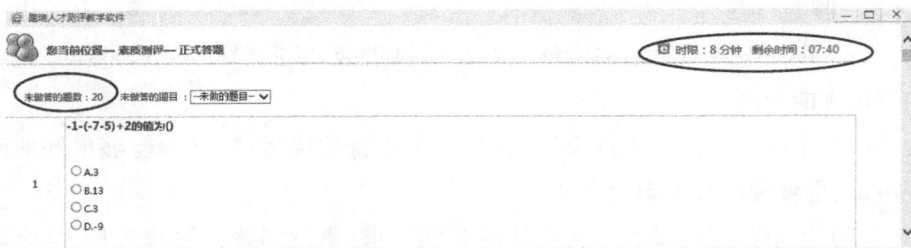

图1-27 数字运算能力测验界面

（4）当学生没有完成全部题目就单击"提交"按钮时，系统会提示，学生可以通过未完成题目进行查询，把未完成的题目完成；或者点击"确定"按钮，直接提交。

（5）结束测试后在"已完成试卷"中可以查看刚完成测试的实验。

（6）查看测试成绩，查看并下载测试报告。

（7）思考以下问题：

① 你在人员素质测评实验课程中所参与的相关测验与自己对自己、他人对自己的认识和评价有何不同？是什么原因造成了这种差异？

② 完成了《一般能力倾向测验》中的数字运算能力测验后，你的自我体验如何？与其他能力的分测验相比，数字运算能力是你的优势能力吗？

③ 此量表所得的测验结果与你的实际能力相符合吗？

④ 你是怎样看待测验结果的？如何解释测验分数？

⑤ 此测验适合在什么情况下使用？

测验 3 逻辑推理能力测验

1. 测验信息

中文名称：逻辑推理能力测验

英文名称：Logical Reasoning Ability Test

简　　称：LRAT

题目数量：35 题

答题时间：35 分钟

版　　本：2011 最新修订版

常模人群：各类人员 1 000 人

2. 测验目的

（1）以测查受试者对事物间的逻辑关系理解、分析、推理判断的潜能为目的，完成逻辑推理能力测验；

（2）了解自身逻辑推理潜能，客观评价自身的优劣势，从而能够更好地改进不足，更合理地规划职业生涯；

（3）了解逻辑推理能力测验的内容和要求，掌握测验方法和流程，学会解读和分析测验报告，根据不同的岗位要求，更好地测评不同岗位不同要求的人员素质，以实现人岗匹配。

3. 测验要求

在"踏瑞人才测评教学系统"软件平台上，所有学生在 35 分钟内完成逻辑推理能力测验的 35 道题，查看并导出测评结果。

4. 测验步骤

（1）启动系统，以学生账户登录，单击左边"实验项目"下的"标准化测验"，找到"逻辑能力测验"，单击进入相应测验界面，见图 1-28。

图1-28 逻辑能力测验登录界面

（2）单击"开始测试"。

（3）开始测试后，在页面右上角可以看到测试倒计时，左上角可以看到已完成的题目和还没有完成的题目，见图1-29。学生根据自己的实际情况填写问题，完成后单击"提交"按钮。

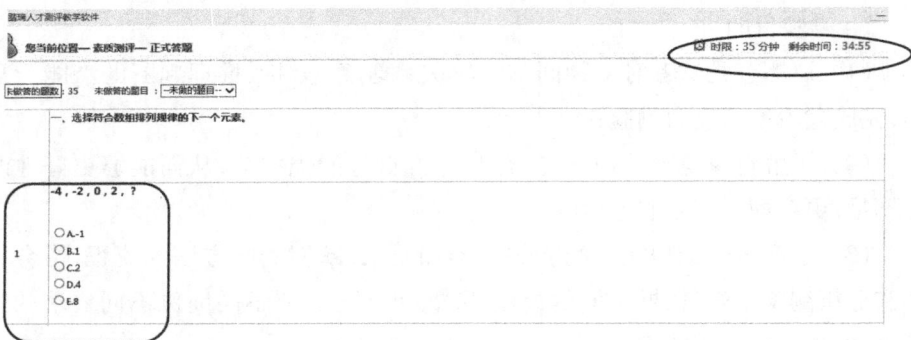

图1-29 逻辑能力测验测试界面

（4）当学生没有完成全部题目就单击"提交"按钮时，系统会提示，学生可以通过未完成题目进行查询，把未完成的题目完成；或者单击"确定"按钮，直接提交。

（5）结束测试后在"已完成试卷"中可以查看刚完成测试的实验。

（6）查看测试成绩，查看并下载测试报告。

（7）思考以下问题：

① 你在此测验中与自己对自己、他人对自己的认识和评价有何不同？是什么原因造成了这种差异？

② 完成《一般能力倾向测验》中的逻辑能力测验后，你的自我体验如何？

与其他能力的分测验相比,逻辑能力是你的优势能力吗?

③ 此测验的理论基础是什么? 此测验主要测试了个体的哪些能力?

测验 4　批判思维能力测验

1. 测验信息

中文名称:批判思维能力测验

英文名称:Critical Thinking Test

简　　称:CTT

题目数量:20 题

答题时间:15 分钟

版　　本:2011 最新修订版

常模人群:各类人员 1 000 人

2. 测验目的

(1) 以测查受试者对思维过程中洞察、分析和评估的能力和判断的潜能为目的,完成批判思维能力测验;

(2) 了解自身批判思维能力,客观评价自身的优劣势,从而能够更好地改进不足,更合理地规划职业生涯;

(3) 了解批判思维能力测验的内容和要求,掌握测验方法和流程,解读和分析测验报告,了解批判思维能力测验的运用情境,掌握该测评方法在人员素质测评过程中的具体运用。

3. 测验要求

在“踏瑞人才测评教学系统”软件平台上,所有学生在 15 分钟内完成逻辑推理能力测验的 20 道题,查看并导出测评结果。

4. 测验步骤

(1) 启动系统,以学生账户登录,单击左边“实验项目”下的“标准化测验”,找到“批判思维能力测验”,单击进入相应测验界面,见图 1-30。

图 1-30　批判思维能力测验登录界面

（2）单击"开始测试"。

（3）开始测试后，在页面右上角可以看到测试倒计时，左上角可以看到已完成的题目和还没有完成的题目，见图 1-31。学生根据自己的实际情况填写问题，完成后单击"提交"按钮。

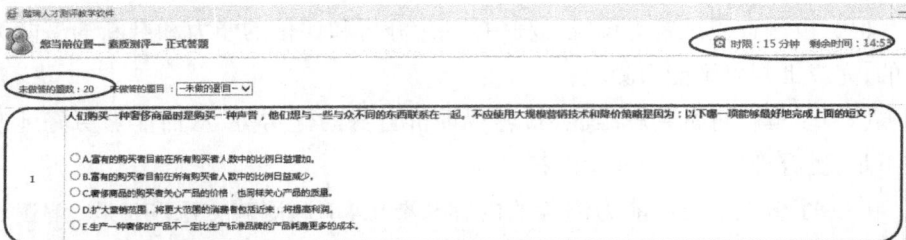

图 1-31　批判思维能力测验界面

（4）当学生没有完成全部题目就单击"提交"按钮时，系统会提示，学生可以通过未完成题目进行查询，把未完成的题目完成；或者单击"确定"按钮，直接提交。

（5）结束测试后在"已完成试卷"中可以查看刚完成测试的实验。

（6）查看测试成绩并下载测试报告。

（7）思考以下问题：

① 你在此测验中与自己对自己、他人对自己的认识和评价有何不同？ 是什么原因造成了这种差异？

② 完成了《一般能力倾向测验》中的批判思维测验后，你的自我体验如何？

③ 此量表的功能是什么？可以应用于哪些人群？

④ 在人才选拔中,哪些职位适合具有批判思维的人员？

测验 5 空间关系能力测验

1. 测验信息

中文名称: 空间关系能力测验

英文名称: Spatial Relation Ability Test

简　　称: SRAT

题目数量: 36 题

答题时间: 15 分钟

版　　本: 2011 最新修订版

常模人群: 各类人员 1 000 人

2. 测验目的

（1）测查受试者对物体空间特征及物体之间空间位置关系的感知潜能,完成空间关系能力测验;

（2）了解自身空间关系能力,客观评价自身的优劣势,从而能够更好地改进不足,更合理地规划职业生涯;

（3）了解空间关系能力测验的内容和要求,掌握测验方法和流程,解读和分析测验报告,了解空间关系能力测验的运用情境,掌握该测评方法在人员素质测评过程中的具体运用。

3. 测验要求

在"踏瑞人才测评教学系统"软件平台上,所有学生在 15 分钟内完成空间关系能力测验的 36 道题,查看并导出测评结果。

4. 测验步骤

（1）启动系统,以学生账户登录,单击左边"实验项目"下的"标准化测验",找到"空间关系能力测验",单击进入相应测验界面,见图 1-32。

图 1-32　空间关系能力测验登录界面

（2）单击"开始测试"。

（3）开始测试后，在页面右上角可以看到测试倒计时，左上角可以看到已完成的题目和还没有完成的题目，见图 1-33。学生根据自己的实际情况填写问题，完成后单击"提交"按钮。

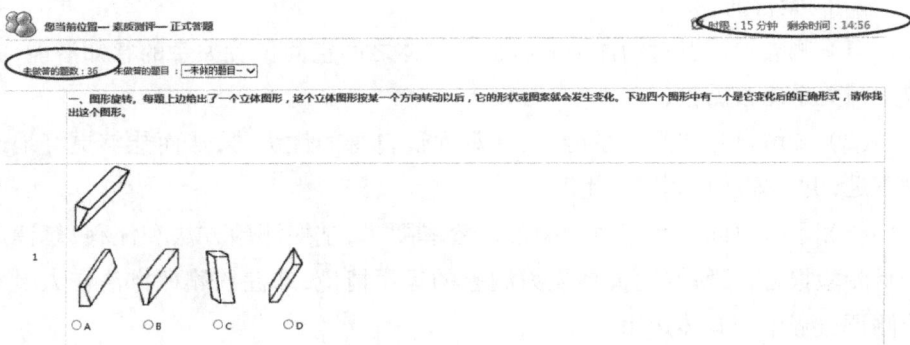

图 1-33　空间关系能力测验界面

（4）当学生没有完成全部题目就单击"提交"按钮时，系统会提示，学生可以通过未完成题目进行查询，把未完成的题目完成；或者单击"确定"按钮，直接提交。

（5）结束测试后在"已完成试卷"中可以查看刚完成测试的实验。

（6）查看测试成绩并下载测试报告。

（7）思考以下问题：

① 你在此测验中与自己对自己、他人对自己的认识和评价有何不同？是什

么原因造成了这种差异?

② 完成了《一般能力倾向测验》中的空间关系能力测验后,你的自我体验如何? 与其他能力的分测验相比,空间关系能力是你的优势能力吗?

③ 通过对本次测评结果的分析和讨论、研究,你认为这些测验在具体的人员测评工作中怎样使用是比较合理有效的? 为什么?

④ 此测验是否真实地测评了你的空间关系能力? 你认为此测验的信效度如何?

测验6 资料分析能力测验

1. 测验信息

中文名称:资料分析能力测验

英文名称:Data Analyst Ability Test

简　　称:DAAT

题目数量:20 题

答题时间:15 分钟

版　　本:2011 最新修订版

常模人群:各类人员 1 000 人

2. 测验目的

(1) 测查受试者对图表所呈现的资料(信息)进行提取、分析、综合理解的潜能,完成资料分析能力测验;

(2) 了解自身资料分析能力,客观评价自身的优劣势,从而能够更好地改进不足,更合理地规划职业生涯;

(3) 了解资料分析能力测验的内容和要求,掌握测验方法和流程,解读和分析测验报告,了解资料分析能力测验的运用情境,掌握该测评方法在人员素质测评过程中的具体运用。

3. 测验要求

在"踏瑞人才测评教学系统"软件平台上,所有学生在 15 分钟内完成空间关系能力测验的 20 道题,查看并导出测评结果。

4. 测验步骤

（1）启动系统，以学生账户登录，单击左边"实验项目"下的"标准化测验"，找到"资料分析能力测验"，单击进入相应测验界面，见图1-34。

图1-34　资料分析能力测验登录界面

（2）单击"开始测试"。

（3）开始测试后，在页面右上角可以看到测试倒计时，左上角可以看到已完成的题目和还没有完成的题目，见图1-35。学生根据自己的实际情况填写问题，完成后单击"提交"按钮。

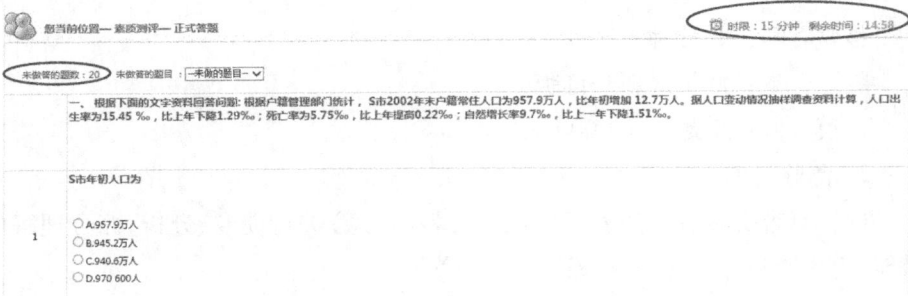

图1-35　资料分析能力测验界面

（4）当学生没有完成全部题目就单击"提交"按钮时，系统会提示，学生可以通过未完成题目进行查询，把未完成的题目完成；或者单击"确定"按钮，直接提交。

（5）结束测试后在"已完成试卷"中可以查看刚完成测试的实验。

（6）查看测试成绩并下载测试报告。

（7）思考以下问题：

① 你在此测验中与自己对自己、他人对自己的认识和评价有何不同？是什

么原因造成了这种差异？

② 完成了《一般能力倾向测验》中的资料分析能力测验后，你的自我体验如何？ 与其他能力的分测验相比，资料分析能力是你的优势能力吗？

③ 通过对本次测评结果的分析和讨论、研究，你认为这些测验在具体的人员测评工作中怎样使用是比较合理有效的？ 为什么？

④ 此量表的测评结果与你的实际资料分析能力是否有较大差异？

测验 7　知觉速度测验

1. 测验信息

中文名称：知觉速度测验

英文名称：Perceptual Speed Test

简　　称：PST

题目数量：50 题

答题时间：25 分钟

版　　本：2011 最新修订版

常模人群：各类人员 1 000 人

2. 测验目的

（1）测查受试者对事物细微特征及事物外在特征间差异进行快速、准确辨别的潜能；

（2）了解自身知觉速度潜能，客观评价自身的优劣势，从而能够更好地改进不足，更合理地规划职业生涯；

（3）了解知觉速度测验的内容和要求，掌握测验方法和流程，解读和分析测验报告，了解知觉速度测验的运用情境，掌握该测评方法在人员素质测评过程中的具体运用。

3. 测验要求

在"踏瑞人才测评教学系统"软件平台上，所有学生在 25 分钟内完成"知觉速度测验"的 50 道题，查看并导出测评结果。

4. 测验步骤

（1）启动系统，以学生账户登录，单击左边"实验项目"下的"标准化测验"，找到"知觉速度能力测验"，单击进入相应测验界面，见图1-36。

图1-36 知觉速度测验登录界面

（2）单击"开始测试"；

（3）开始测试后，在页面右上角可以看到测试倒计时，左上角可以看到已完成的题目和还没有完成的题目，见图1-37。学生根据自己的实际情况填写问题，完成后单击"提交"按钮。

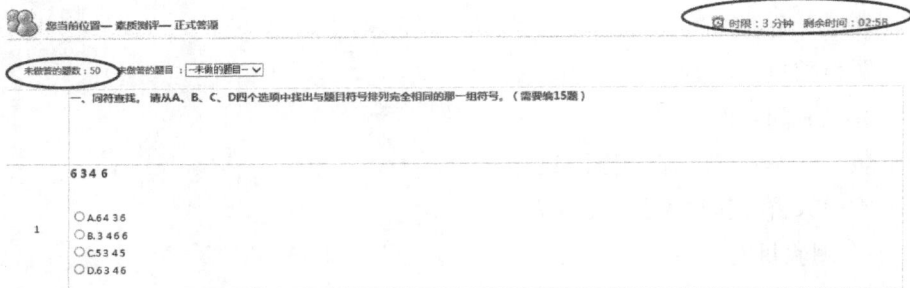

图1-37 知觉速度测验界面

（4）当学生没有完成全部题目就单击"提交"按钮时，系统会提示，学生可以通过未完成题目进行查询，把未完成的题目完成；或者单击"确定"按钮，直接提交。

（5）结束测试后在"已完成试卷"中可以查看刚完成测试的实验。

（6）查看测试成绩，并下载测试报告。

（7）思考以下问题：

① 你在此测验中与自己对自己、他人对自己的认识和评价有何不同？是什么原因造成了这种差异？

② 完成了《一般能力倾向测验》中的知觉速度能力测验后，你的自我体验如何？与其他能力的分测验相比，知觉速度能力是你的优势能力吗？

③ 通过对本次测评结果的分析和讨论、研究,你认为这些测验在具体的人员测评工作中怎样使用是比较合理有效的? 为什么?

④ 你认为知觉速度能力测验所得结果与自己实际知觉速度能力是否相一致?

实验项目二：人格特质测验

个性是指在遗传与环境相互作用下形成的,个人对待现实的态度及与之相适应的习惯化的行为方式的心理特征总和。个性测验是心理测验中的一个重要方面,广泛应用于人事测评和个人诊断性评价,常见的人格特质测验量表(见表1-7)。

表 1-7　人格特质测验的类别

测验类别	测验名称	信　度
人格特质	8. 卡特尔 16 种人格因素测验	0.79 ~ 0.86
	9. 加州心理问卷	0.80 ~ 0.86
	10. 艾森克人格问卷	0.81 ~ 0.86

测验 8　卡特尔 16 种人格因素测验

1. 测验信息

中文名称：卡特尔 16 种人格因素测验

英文名称：Cattell's Sixteen Personality Factor Questionnaire

简　　称：16PF

题目数量：187 题

答题时间：45 分钟

原创者：R. B. Cattell

版　　本：2011 最新修订版

常模人群：各类人员共 800 人

卡特尔 16 种个性因素测验是由美国心理学家卡特尔(R. B. Cattell)根据他的个性结构理论编制的,简称 16PF。他认为人的个性是由许多特性所构成的,由于各种特性在一个身上的不同组合,构成了一个不同于他人的独特个性。他把人的个性分为"表面特性"和"根源特质",所谓表面特性是指一个人经常发生的、可以从外部观察到的行为;而根源特质则是制约着表面特性的潜在基础。卡特尔从许多表面的行为中抽取了16种"根源特质",称为16种个性因素,并据此编制了专门的量表来测量这16种特质。它们分别是:① 乐群性;② 智慧性;③ 稳定性;④ 恃强性;⑤ 兴奋性;⑥ 有恒性;⑦ 敢为性;⑧ 敏感性;⑨ 怀疑性;⑩ 幻想性;⑪ 世故性;⑫ 忧虑性;⑬ 实验性;⑭ 独立性;⑮ 自律性;⑯ 紧张性。

16PF测验在国内有多种版本。本系统中采用的是对其进行了较大范围修改的新16PF测验,使用的是新制定的常模。其特点是对个体的人格进行系统的分析,在较高层次人才招聘选拔中应用较多。

2.测验目的

(1)以测查受试者的个性特征为目的,完成卡特尔16种人格因素测验;

(2)了解自身个性特征,客观评价自身的优劣势,从而能够更好地发扬优点、改进不足,更合理地规划职业生涯;

(3)了解16PF的内容和分析过程,掌握16PF的测验方法和流程,解读和分析测验报告,更好地对应聘者开展全方位的性格测试和诊断,为人事安置、调整和合理利用人力资源提供建议。

3.测验要求

在"踏瑞人才测评教学系统"软件平台上,所有学生在45分钟内完成"16PF"的187道题,查看并导出测评结果。

4.测验步骤

(1)启动系统,以学生账户登录,单击左边"实验项目"下的"标准化测验",找到"16PF测验",单击进入相应测验界面,见图1-38。

图1-38 16PF测验登录界面

（2）单击"开始测试"。

（3）开始测试后，在页面右上角可以看到测试倒计时，左上角可以看到已完成的题目和还没有完成的题目，见图1-39。学生根据自己的实际情况填写问题，完成后单击"提交"按钮。

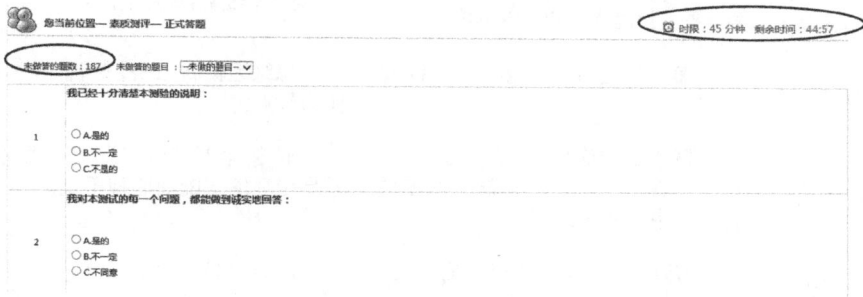

图1-39　16PF测验界面

（4）当学生没有完成全部题目就单击"提交"按钮时，系统会提示，学生可以通过未完成题目进行查询，把未完成的题目完成；或者单击"确定"按钮，直接提交。

（5）结束测试后在"已完成试卷"中可以查看刚完成测试的实验。

（6）查看测试成绩并下载测试报告。

（7）思考以下问题：

① 16PF测试量表的主要功能是什么？主要适合哪些群体使用？

② 结合测验结果解释具有各种人格类型倾向个体的典型行为表现。

③ 你的测试结果与自己对自己、他人对自己的评价有多少出入？是什么原因造成了这些出入？

④ 卡特尔提取16PF指标的理论方法对你有哪些启发？这些理论方法的优缺点是什么？

⑤ 你认为本测验在人员招聘中该怎样使用最为有效？

5. 测验报告解读

（1）16种人格因素及其高分、低分特征见表1-8。

表 1-8　16PF 人格因素及其高低分特征

因　素	高分特征	低分特征
乐群性	外向、热情、乐群。通常和蔼可亲,容易与人相处、合作,适应能力强。愿意参加或组织各种社团活动,萍水相逢也可以一见如故。	抑郁,缄默,孤独、冷漠。通常表现为执拗、吹毛求疵,宁愿独自工作,且工作标准常常很高。
聪慧性	聪明,富有才能,善于抽象思维。	思维迟钝,学识浅薄,抽象思维能力较弱。
稳定性	情绪稳定而成熟,能面对现实,行动充满魄力,能以沉着的态度应付现实中的各种问题。	情绪容易激动,易产生烦恼。容易受环境支配而心神不定。
恃强性	好强固执,独立积极。有主见,但容易自高自大,自以为是。	谦虚、顺从、通融、恭顺。
兴奋性	轻松兴奋,随遇而安。通常活泼、愉快、健谈。	严肃、审慎、冷静、寡言。内省而不轻易发言,较消极、阴郁。
有恒性	有恒心,负责任,工作细心周到,有始有终。	苟且敷衍,缺乏认真负责的精神。缺乏远大的理想和目标。
敢为性	冒险敢为,少有顾忌。有时也可能粗心大意,忽略细节。	畏怯退缩,缺乏信心,有强烈的自卑感,在人群中羞怯,有不自然的表现。
敏感性	敏感,感情用事。通常心肠软,易受感动,较女性化,爱好艺术,富于幻想。	理智,重视现实,自恃自力。多以客观、坚强、独立的态度处理问题,不感情用事。
怀疑性	怀疑、刚愎、固执己见。多疑,不信任别人,与人相处斤斤计较,不顾别人的利益。	信赖随和,容易与人相处。无猜忌,不与人竞争,顺应合作,善于体贴人。
幻想性	幻想,狂放不羁。忽视生活细节,只以本身动机、当时兴趣等主观因素为行动的出发点,可能富有创造力。	现实、合乎成规,力求妥善合理。不鲁莽从事,在关键时刻也能保持冷静。
世故性	精明能干、世故。处事老练,行为得体,能冷静分析一切,理智、客观。	坦白、直率、天真。思想简单、感情用事,与人无争,心满意足,但有时也显得幼稚、粗鲁、笨拙。

续表

因　素	高分特征	低分特征
忧虑性	忧虑抑郁,烦恼自扰。通常觉得世道艰辛,人生不如意,甚至沮丧、悲观。	安详、沉着、有自信心。不易动摇,有安全感,相信自己有应付问题的能力。
实验性	自由、激进,不拘泥于现实,对新的思想和行为有兴趣。	保守,着重传统观念与行为标准。不愿尝试创新,常常激烈地反对新的思潮和变革。
独立性	自立自强,当机立断。通常能够自作主张、独立完成自己的工作计划,不依赖别人。	依赖、随群、附和。通常愿意与人合作共事,而不愿独立孤行。常放弃个人主见,附和众议。
自律性	知己知彼,自律谨严。通常言行一致,能够合理支配自己的感情行动,为人处事能保持自尊心。	矛盾冲突,不明大体。通常既不能克制自己,又不能尊重礼俗,更不愿考虑别人的需要。
紧张性	紧张困扰,激动挣扎。缺乏耐心,心神不定,过度兴奋,时常感觉疲乏。	心平气和,闲散宁静。容易知足满意,心理容易平衡,也可能过分松懒,缺乏进取心。

（2）当用此测验来进行职业选拔与指导时,16PF 个性特征与职业之间的关系如表 1-9 所示。

表 1-9　16PF 个性特征与职业之间的关系

因　素	高分者	代表人物	低分者	代表人物
乐群性	开朗、热情、随和、易于建立社会联系,在集体中倾向于承担责任和担任领导。推销员、企业经理、商人、会计、教士、社会工作者等多具有此种特质。在性方面倾向于自由、早婚。在职业中容易得到晋升。	狄更斯、富兰克林、罗斯福等。	保守、孤僻、严肃、退缩、拘谨、生硬。在职业上倾向于从事富于创造性的工作,如科学家(尤其是物理学家和生物学家)、艺术家、音乐家和作家。	达尔文、威尔逊、爱迪生、柯立芝(美国前总统)、牛顿、奥斯汀、张伯伦、米尔顿、卡莱尔、塞缪尔·约翰生(英国作家)。
聪慧性	较聪明。		较迟钝。	

续表

因　素	高分者	代表人物	低分者	代表人物
稳定性	情绪稳定、成熟。能够面对现实,在集体中较受尊重。较少患慢性病。容易与别人合作,多倾向于从事技术性工作、管理性工作、飞行员、空中小姐、护士、研究人员、优秀运动员。不容易罹患精神疾患。	华盛顿、阿尔弗雷德大帝(英格兰韦塞克斯王朝国王)、俾斯麦。	情绪不稳定、幼稚、意气用事,当在事业和爱情中受挫时易于沮丧,不易恢复。多倾向于从事会计、办事员、农工、艺术家、售货员、教授等。身体易罹患慢性疾病。婚姻稳定性较差。	尼采、波德莱尔(法国诗人)、莫泊桑、切利尼(意大利雕塑家)、尼禄(罗马暴君)、柯勒律治(英国浪漫主义诗人)。
恃强性	武断、盛气凌人、争强好胜、固执己见,有时表现出反传统倾向,不愿循规蹈矩,在集体活动中有时不遵守纪律,社会接触较广泛,有时饮酒过量,睡眠较少,不太注重宗教信仰,在婚后更看重独立性。在学校学习期间,学习成绩一般或稍差。在大学期间可能表现较强的数学能力。在职业上,倾向于飞行员、竞技体育运动员、管理人员、艺术家、工程师、心理学家、作家、研究人员。创造性和研究能力较强。经济能力稍差。	恺撒、威廉二世、克列孟梭(一战时法国主战派总理)、卢瑟福、路易十六、希特勒、巴斯德。	谦卑、温顺、惯于服从、随和。职业选择倾向于教士、咨询顾问、农工、教授、医生、办事员。	释迦牟尼、忏悔者爱德华(中世纪笃信宗教的英国国王)及许多宗教著名领袖。
兴奋性	轻松、愉快、逍遥、放纵、身体较健康、经济状况较好、性方面自我约束力较差,社会联系广泛,在集体中较引人注目。在家庭中,夫妻间独立性较强。在职业上,倾向于运动员、商人、飞行员、战士、空中小姐、水手。惯犯中具此种特质人较多。不容易得各种精神疾患和冠心病。	典型人物如包斯威尔(英国作家)、惠特曼、王尔德(英国作家)、惠斯勒(美国画家)、威尔斯(美国作家)、伏尔泰等。	节制、自律、严肃、沉默寡言。职业上倾向于会计、行政人员、艺术家、工程师、教士、教授、科研人员等。不容易犯罪。在经济生活、道德行为、体育活动等方面都较谨慎,不喜欢冒险。学术活动能力比社会活动能力强一些。	帕斯卡、达尔文、狄更生(美国女诗人)、约伯(俄国主教)、丁尼生(英国诗人)、欧文(英国诗人)。

因　素	高分者	代表人物	低分者	代表人物
有恒性	真诚、重良心、有毅力、道德感强、稳重、执着、孝敬尊重父母、对异性较严谨。受到周围人的好评，社会责任感强、重视宗教、工作勤奋、睡眠较少，在直接接触的小群体中自然而然地成为领导性人物。在职业上倾向于会计、教士、民航驾驶员、空中小姐、百货经营者等。很少有违法犯罪行为。宗教先知和宗教领袖多具有此特质。	典型人物如勃朗宁、丁尼生、吉卜林（英国作家）、华盛顿、林肯、纳尔逊（英国海军统帅）、康德、列奥尼达（古希腊斯巴达国王）、南丁格尔等。	自私、唯利是图、不讲原则、不守规则、不尊重父母、对异性较随便、缺乏社会责任感、轻视宗教。在职业上倾向于艺术家、社会工作者、社会科学家、竞技运动员、作家、记者等，具有此种特质的人可能有违法行为。那些声名狼藉的人多具有此特质。	卡萨诺瓦（意大利作家，以放荡不羁闻名）、切利尼（意大利雕塑家）、卡廖斯特罗（意大利魔术师、江湖骗子）。
敢为性	冒险、不可遏制，在社会行为方面胆大妄为。副交感神经占支配地位。在职业上，倾向于竞技体育运动员、商人、音乐家、机械师等。	西奥多·罗斯福、丘吉尔、杰克逊（美国总统）、理查一世、邓肯。	害羞、胆怯、易受惊吓。交感神经占支配地位。在职业上，倾向于牧师、教士、编辑人员、农业工人。	狄更生、卡文迪许。
敏感性	细心、敏感、依赖。通常身体较弱、多病，不太爱参加体育锻炼。遇事优柔寡断、缺乏自信，儿童期间多受到家庭的溺爱和过分保护；很少喝酒。一般女性得分高于男性。在职业上倾向于美术、牧师、教士、教授、行政人员、生物学家、社会科学家、社会工作者、编辑人员。在学习上，语文优于数学。	柯勒律治、华兹华斯（英国浪漫主义诗人）、王尔德、罗素、罗斯福夫人（富兰克林·罗斯福的夫人）。	粗心、自立、现实。通常身体较健康。喜爱参加体育活动。遇事果断、自信。职业上倾向于物理学家、工程师、飞行员、电气技师、销售经理、警察等。	典型人物如吉卜林、塞缪尔、约翰生、马克·吐温、拿破仑、彭斯（苏格兰诗人）、林白（美国著名飞行员）。

续表

因素	高分者	代表人物	低分者	代表人物
怀疑性	多疑、戒备,不易受欺骗。易困,多睡眠。在集体中与他人保持距离,缺乏合作精神,职业上倾向于艺术家、编辑、农业工人、管理人员、创造性科学研究人员。有时有自杀、同性恋、违法、吸毒等行为。	科里奥拉努斯(罗马首领)、本尼狄克·阿诺德(美独立战争时期叛将)、蒙蒂兹(声名狼藉的爱尔兰美女)、亚历山大大帝、斯大林、巴顿(美国将军)、戴高乐。	真诚、合作、宽容、容易适应环境、在集体中容易与人形成良好关系。职业上倾向于会计、飞行员、空中小姐、炊事员、电气技师、机械师、生物学家、物理学家。	托马斯(基督教虔修派最著名代表人物之一)、居里夫人、艾森豪威尔、伯里克利(希腊政治家)。
幻想性	富于想象、生活豪放不羁、对事业漫不经心。通常在中学毕业后努力争取继续学习而不是早早就业。在集体中不太被人们看重。不修边幅,不重整洁,粗枝大叶。经常变换工作,不易晋升。具此种特质的人大多属于艺术家。	斯宾诺莎、福楼拜、乔治·博罗(英国旅行家)、卡洛尔(英国童话作家)、凡·高、杰克·伦敦、埃尔·格列柯(西班牙超现实派画家)、毕加索、史文朋(英国诗人)、拜伦。	现实、脚踏实地、处事稳妥、具有忧患意识、办事认真谨慎。	胡佛、鲍尔温(英国前首相)、卡内基、柯立芝。
世故性	机敏、狡黠、圆滑、世故、人情练达、善于处世。不易罹患精神疾患。在社会中容易取得较好的地位。善于解决疑难问题,在集体中受到人们的重视。职业上倾向于心理学家、企业家、商人、空中小姐等。	卡萨诺瓦、欧·亨利(美国小说家)辛普森夫人、米歇尔·阿伦(英国作家)、迪斯累里(英国首相)、劳合·乔治(英国首相)、罗斯柴尔德(英国动物学家)、梅特涅(奥地利首相)、伏尔泰等。	直率、坦诚、不加掩饰、不留情面、有时显得过于刻板。不为社会所接受。在社会中不易取得较高地位。	第欧根尼(希腊哲学家)、陀斯妥也夫斯基、卢梭、约翰·班场(英国清教徒传道士)、克鲁泡特金(俄国无政府主义者)、圣女贞德等。

续表

因素	高分者	代表人物	低分者	代表人物
忧虑性	忧郁、自责、缺乏安全感、焦虑、不安、自扰、杞人忧天。朋友较少。在集体中既无领袖欲望，亦终不被推选为领袖。常对环境进行抱怨，牢骚满腹。害羞、不善言辞、爱哭，职业上倾向于艺术家、教士、农工。典型人物如基督、释迦牟尼。	豪斯曼（英国作家）、陀思妥耶夫斯基、丘吉尔等。	自信、心平气和、坦然、宁静，有时自负、自命不凡、自鸣得意，容易适应环境，知足常乐。职业上倾向于战斗机飞行员、竞技体育运动员、行政人员、机械师、空中小姐、心理学家。	成吉思汗、斯大林、罗伯斯庇尔，以及许多成功的行政领袖。
实验性	好奇，喜欢尝试各种可能性，思想自由、开放、激进，接近进步的党派。对宗教活动不够积极，身体较健康。在家庭中较少大男子主义。职业倾向于艺术家、作家、会计、工程师、教授。	威尔斯（英国小说家）、马克思、理查德·施特劳斯、拿破仑。	保守、循规蹈矩、尊重传统。职业倾向于运动员、教士、农工、机械师、军官、音乐家、商人、警察、厨师、保姆。	丘吉尔、维多利亚女王、法朗士、高尔斯华绥（英国作家）、布赖恩（美国民主党领袖）、道格拉斯·黑格（英国元帅）。
独立性	自信、有主见、足智多谋，遇事勇于自己做主，不依赖他人，不推诿责任。职业上倾向于创造性工作，如艺术家、工程师、科学研究人员、教授、作家。	哥白尼、林白、鲍勃·霍普（美著名演员）、牛顿。	依赖性强，缺乏主见，在集体中经常是一个随波逐流的人，对于权威是一个忠实的追随者。职业上倾向于空中小姐、厨师、保姆、护士、尼姑、社会工作者。	阿尔弗雷德·奥斯汀（英国诗人）、饶勒斯（法国社会主义者）、施莱辛格（美国历史学家）。
自律性	较强的自制力、较强大的意志力量、较坚定地追求自己的理想，有良好的自我感觉和自我评价，通常注重性道德，饮酒适量。在集体中，可以提出有价值的建议。职业上倾向于大学行政领导、飞行员、科学家、电气技师、警卫、机械师、厨师、物理学家。	恺撒、布莱（英国海军将领）、罗伯斯庇尔、吉卜林等。	不能自制，不遵守纪律、自我矛盾、松懈、随心所欲、为所欲为、漫不经心、不尊重社会规范。不太注重性道德，饮酒无节制。在职业上倾向于艺术家。	本尼狄克、阿诺德、尼禄、罗宾汉、第欧根尼、比尔兹利（英国画家）。

续表

因　素	高分者	代表人物	低分者	代表人物
紧张性	紧张、有挫折感,经常处于被动局面,神经质、不自然、做作。在集体中很少被选为领导,通常感到不被别人尊重和接受。经常自叹命薄。在压力下容易惊慌失措。多患高血压症。职业倾向于农业工人、售货员、作家、记者。	马克白斯、爱德华八世、威尔斯、奥本海默(美物理学家)。	放松、平静,有时反应迟钝、不敏感,很少有挫折感,遇事镇静自若。职业倾向于空姐、飞行员、海员、地理学家、物理学家。	马修、阿诺德(英国诗人)、伊壁鸠鲁、毛姆(英国作家)。

（3）双重个性因素类型。二元双重个性因素类型的标准也分为十级,即每一类型的最高分为 10 分,最低分为 1 分,3 分以下为低分,7 分以上为高分。如:

① 适应与焦虑型。

高分特征:焦虑性高、易激动、易出现不满意感。高度焦虑不但会减低工作效率,而且会影响身体健康,易患神经症。

低分特征:焦虑性低,通常感到心满意足,能做到所期望的和认为有重要意义的事,生活适应顺利。但极端低分者,可能对难做的工作缺乏毅力。

② 内向与外向型。

高分特征:外向、开朗、善交际、不受拘束,不拘小节,

低分特征:内向,趋于胆小、自足,和别人交往中拘谨而不自然。

个性的内向与外向没有好坏之分,应根据具体工作要求而定,内向者较专心,能从事较精确的工作;外向者则善于从事社会交往方面的工作。

③ 感情用事与安详机警型。

高分特征:安详机警,有较强的事业心,果断、刚毅、进取,但也易贸然行事,不顾后果。有时过分现实,忽视生活情趣。

低分特征:感情用事,情感丰富,含蓄、敏感,性格温和,讲究生活艺术。情绪多困扰不安,通常感觉挫折气馁。

④ 怯懦与果断型。

高分特征:果断、独立,有气魄,锋芒毕露,有攻击性,有创造性。通常主动

寻求可以施展所长的机会和环境,以充分表现自己的独创能力。

低分特征:怯懦顺从,优柔寡断,易受人驱使而被动、依赖,迎合迁就他人。

测验9　加州心理问卷

1. 测验信息

中文名称:加利福尼亚心理测验表

英文名称:The California Psychological Inventory

简　　称:CPI

题目数量:480 题

答题时间:40 分钟

原 创 者:Gough H. G.

版　　本:2011 修订版

常模人群:各类人群 9 925 人

加利福尼亚心理测验表简称加州人格量表(CPI),是根据美国心理学家高夫(Gough,H. G)所编制的"加利福尼亚心里测验表"修订而成,主要用于测量人格。CPI 共有 18 个子量表,可以分为 4 大类:I 测验人际关系与适应能力;Ⅱ测验社会化、成熟度、责任心和价值观;Ⅲ测验成就能力和智力;Ⅳ测验个人的生活态度的倾向。全球很多大公司均采用 CPI 作为人事录用与安排的测试。

CPI 的应用范围十分广泛,在管理心理方面,可对应聘者的领导力潜能,工作绩效、创造性潜能进行预测。

2. 测验目的

(1) 以测查受试者的管理心理为目的,完成加州心理测验;

(2) 了解自己的性格、兴趣、专业和职业的匹配情况;

(3) 了解加州心理测验的内容和要求,掌握测验方法和流程,解读和分析测验报告,根据不同的岗位进行测试,对应聘者进行性格、兴趣、专业和职业的匹配评价。

3. 测验要求

在"踏瑞人才测评教学系统"软件平台上,所有学生在 40 分钟内完成加州心理测验的 480 道题,查看并导出测评结果。

4．测验步骤

（1）启动系统，以学生账户登录，单击左边"实验项目"下的"标准化测验"，找到"CPI"测验，单击进入相应测验界面，见图1-40。

图 1-40　CPI 测验登录界面

（2）单击"开始测试"。

（3）开始测试后，在页面右上角可以看到测试倒计时，左上角可以看到已完成的题目和还没有完成的题目，见图1-41。学生根据自己的实际情况填写问题，完成后单击"提交"按钮。

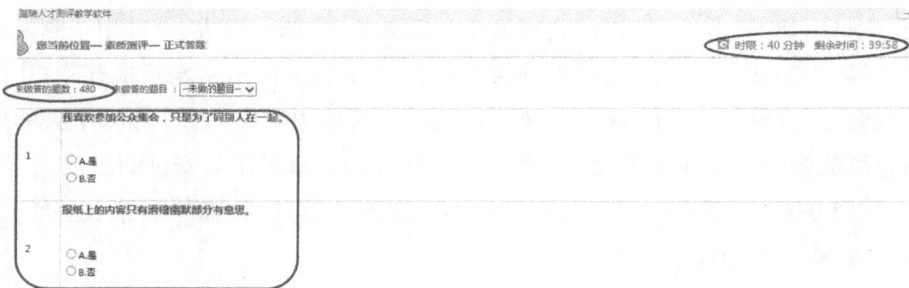

图 1-41　CPI 测验界面

（4）当学生没有完成全部题目就单击"提交"按钮时，系统会提示，学生可以通过未完成题目进行查询，把未完成的题目完成；或者单击"确定"按钮，直接提交。

（5）结束测试后在"已完成试卷"中可以查看刚完成测试的实验。

（6）查看测试成绩并下载测试报告。

（7）思考以下问题：

① CPI 测试量表的主要功能是什么？ 主要适合哪些群体使用？

② CPI 的 18 个维度与 16PF 中的 16 个维度有什么区别？

③ 你认为 CPI 的测量结果与自己的个性是否相吻合？

④ 请思考本测验在实际工作中的应用价值。

测验 10　艾森克人格问卷

1．测验信息

中文名称：艾森克人格测验

英文名称：Eysenck Personality Questionnaire

简　　称：EPQ

题目数量：88 题

答题时间：20 分钟

版　　本：2011 修订版

常模人群：各类人群 4 200 人

艾森克人格测验（EPQ），是英国心理学家艾森克（H. J. Eysenck）等人编制的。EPQ 是一种自陈式人格问卷，有 88 个题目，含 3 个维度 4 个分量表（见附录 1）。E 量表：21 个条目，主要测量外显或内隐倾向；N 量表：24 个条目，测神经质或情绪稳定性；P 量表：20 个条目，测潜在的精神特质，或称倔强；L 量表：20 个条目，为效度量表，测受试者的掩饰或防卫。目前，已被广泛应用于心理学研究及医学、司法、教育、人才测评与选拔等诸多领域。

2．测验目的

（1）以测查受试者的人格特质为目的，完成 EPQ 测验；

（2）了解自己的人格特征情况，分析人格的四类倾向；

（3）了解 EPQ 人格测验的内容和要求，掌握 EPQ 人格测验的方法和流程，解读和分析测验报告，根据不同的岗位进行测试，对应聘者进行性格、兴趣、专业和职业的匹配评价。

3．测验要求

在"踏瑞人才测评教学系统"软件平台上，所有学生在 20 分钟内完成 EPQ 人格测验的 88 道题，查看并导出测评结果。

4. 测验步骤

（1）启动系统，以学生账户登录，单击左边"实验项目"下的"标准化测验"，找到"EPQ"测验，单击进入相应测验界面，见图1-42。

图1-42　EPQ测试登录界面

（2）单击"开始测试"。

（3）开始测试后，在页面右上角可以看到测试倒计时，左上角可以看到已完成的题目和还没有完成的题目，见图1-42。学生根据自己的实际情况填写问题，完成后单击"提交"按钮。

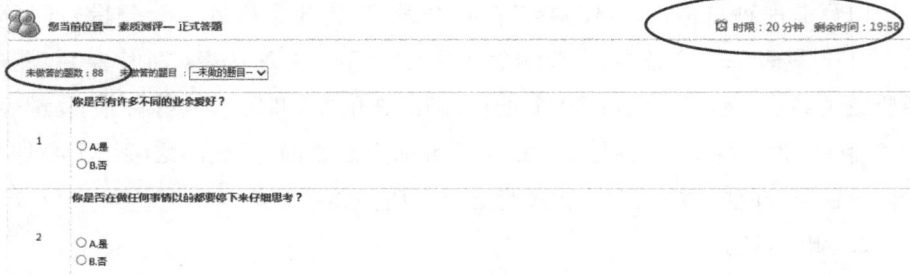

图1-43　EPQ测试界面

（4）当学生没有完成全部题目就单击"提交"按钮时，系统会提示，学生可以通过未完成题目进行查询，把未完成的题目完成；或者单击的"确定"按钮，直接提交。

（5）结束测试后在"已完成试卷"中可以查看刚完成测试的实验。

（6）查看测试成绩并下载测试报告。

（7）思考以下问题：

① EPQ测试量表的主要功能是什么？主要适合哪些群体使用？

② 结合测验结果解释具有各种类型倾向人的典型行为表现。

③ 在实际应用中如何正确地理解和使用测验所得出的结果？

④ 此量表和其他的人格量表的区别在哪里？

实验项目三：人格类型测验

气质(Temperament)是表现在心理活动的强度、速度、灵活性与指向性等方面的一种稳定的心理特征。人的气质差异是先天形成的，受神经系统活动过程的特性所制约。

本系统主要包含了两大类型的人格类型测验量表(见表1-10)。第一种是在陈会昌等编制的气质调查表基础上进行最新修订，基于多血质、胆汁质、粘液质和抑郁质四种典型气质，考察个体的气质类型；第二种麦氏类型指标测验(MBTI)以瑞士心理学家荣格划分的八种类型为基础，加以扩展，形成四个维度：外倾—内倾、感觉—直觉、思维—情感、判断—知觉。

表 1-10　人格类型测验的类别

测验类别	测验名称	信　度
人格类型	11. 气质调查表	0.89
	12. 麦氏类型指标测试	0.87

测验 11　气质调查表

1. 测验信息

中文名称：气质测验

英文名称：Temperament Test

简　　称：TT

题目数量：60 题

答题时间：20 分钟

原 创 者：张拓基，陈会昌

版　　本：2011 修订版

常模人群：各类人员 2 200 人

气质量表，又称"陈会昌六十气质量表"。该量表是由山西省教科院陈会昌等编制，共60题，每种气质类型15题，测量出四种气质类型：胆汁质、多血质、黏液质和抑郁质。他们的研究结果表明，多数人的气质是两种气质的混合型，典型气质和三种气质混合型的人很少。本测验为该量表的最新修订版。

本气质量表共60题，每种气质类型15题。被试被要求对题目的陈述根据自己的实际情况在"很符合""较符合""介于符合与不符合之间""比较不符合"及"完全不符合"中进行选择。采取五级评分制计分，根据得分多少确定气质类型。该调查表简单易行，信度和效度均较高，而且测验结果也比较符合实际，是一种颇受欢迎应用较广的气质类型问卷测验。

2. 测验目的

（1）以测查受试者的气质特征为目的，完成气质测验；

（2）了解自己的气质情况，分析自己的气质特征；

（3）了解气质测验的内容和要求，掌握测验方法和流程，解读和分析测验报告，根据不同的岗位进行测试，对应聘者进行气质、兴趣、专业和职业的匹配评价。

3. 测验要求

在"踏瑞人才测评教学系统"软件平台上，所有学生在20分钟内完成气质类型测验的60道题，查看并导出测评结果。

4. 测验步骤

（1）启动系统，以学生账户登录，单击左边"实验项目"下的"标准化测验"，找到"气质量表"，单击进入相应测验界面，见图1-44。

图1-44　气质测试登录界面

（2）单击"开始测试"。

（3）开始测试后,在页面右上角可以看到测试倒计时,左上角可以看到已完成的题目和还没有完成的题目,见图1-45。学生根据自己的实际情况填写问题,完成后单击"提交"按钮。

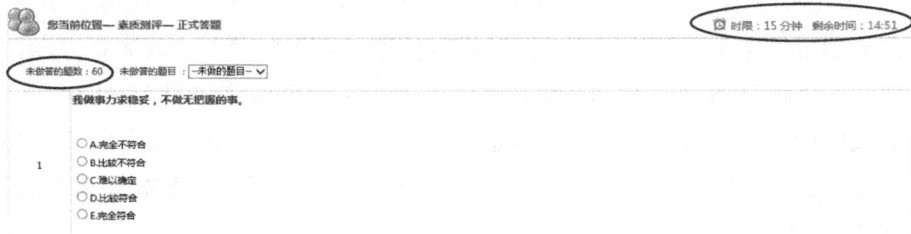

图 1-45　气质测试界面

（4）当学生没有完成全部题目就单击"提交"按钮时,系统会提示,学生可以通过未完成题目进行查询,把未完成的题目完成;或者单击"确定"按钮,直接提交。

（5）结束测试后在"已完成试卷"中可以查看刚完成测试的实验。

（6）查看测试成绩并下载测试报告。

（7）思考以下问题:

① 请分析自己的气质优势和不足有哪些,如何在今后的学习生活中扬长避短?

② 气质量表和人格测验或者性格测验有什么区别?

③ 此量表的应用范围和主要优点是什么?

④ 如何正确解释测验分数,从而使量表的功能最大化?

测验 12　麦氏类型指标测试

1. 测验信息

中文名称:麦氏类型指标测试

英文名称:Myers-Briggs Type Indicator

简　　称:MBTI

题目数量：93 题

答题时间：30 分钟

版　　　本：2011 修订版

常模人群：各类人群 4 200 人

MBTI 源自瑞士著名心理学家卡尔·荣格（Carl G. Jung）的心理类型理论，后经凯瑟琳·布利格斯与伊莎贝尔·布利格斯·迈尔斯两人加以演化，最后又形成了 4 个维度，8 个偏好，16 种人格类型的人格类型量表。目前，MBTI 已经发展成应用心理学领域知名的专业鉴别工具，广泛地应用于职业发展、职业咨询、团队建议、婚姻教育等方面，是目前国际上应用最广泛的职业规划和个性测评理论。

2. 测验目的

（1）以测查受试者的职业人格类型为目的，完成 MBTI 测验；

（2）了解自己的职业人格情况，分析自己的职业人格特征和适合的职业类型，为选择职业时提供参考；

（3）了解 MBTI 测验的内容和要求，掌握测验方法和流程，解读和分析测验报告，根据不同的岗位进行测试，对应聘者进行气质、兴趣、专业和职业的匹配评价。

3. 测验要求

在"踏瑞人才测评教学系统"软件平台上，所有学生在 30 分钟内完成 MBTI 测验的 93 道题，查看并导出测评结果。

4. 测验步骤

（1）启动系统，以学生账户登录，单击左边"实验项目"下的"标准化测验"，找到"麦氏类型指标测验"，单击进入相应测验界面，见图 1-46。

图 1-46　麦氏类型指标测验登录界面

（2）单击"开始测试"。

（3）开始测试后，在页面右上角可以看到测试倒计时，左上角可以看到已完成的题目和还没有完成的题目，见图1-47。学生根据自己的实际情况填写问题，完成后单击"提交"按钮。

（4）当学生没有完成全部题目就单击"提交"按钮时，系统会提示，学生可以通过未完成题目进行查询，把未完成的题目完成；或者单击"确定"按钮，直接提交。

（5）结束测试后在"已完成试卷"中可以查看刚完成测试的实验。

（6）查看测试成绩并下载测试报告。

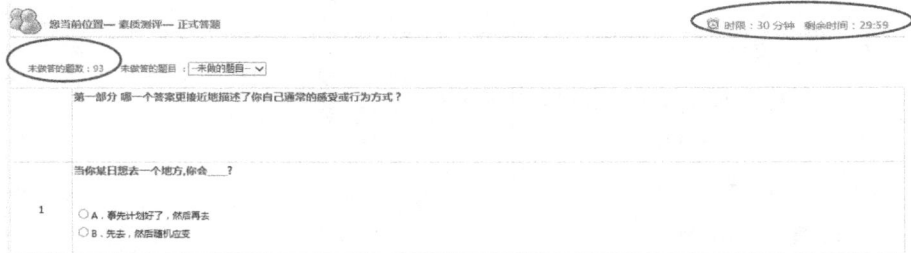

图 1-47　麦氏类型指标测验界面

（7）思考以下问题：

① MBTI 测试量表的主要功能是什么？主要适合哪些群体使用？

② 是否能够正确解释测验所得结果？

③ 你的测试结果与自己对自己、他人对自己的评价有多少出入？是什么原因造成了这些出入？

④ 你认为本测验在人员招聘中该怎样使用最为有效？

⑤ 通过本测验，是否对你的职业选择有一定的帮助？

实验项目四：职业心理健康测验

本课程从 SCL-90 心理健康测验、焦虑自评量表、抑郁自评量表、工作压力问卷、职业倦怠等方面进行测量分析（见表 1-11），多角度测量以了解被测者的工作态度，成为健康向上的职业人。

测验类别	测验名称	信　度
职业心理健康	13. SCL-90 心理健康测试	0.81
	14. 焦虑自评量表	0.79
	15. 抑郁自评量表	0.81
	16. 工作压力问卷	0.85
	17. 职业倦怠问卷	0.86

测验 13　SCL-90 心理健康测试

1. 测验信息

中文名称：SCL-90 心理健康测试

英文名称：SCL-90

简　　称：SCL-90

题目数量：90 题

答题时间：30 分钟

版　　本：2011 修订版

常模人群：各类人员 1 400 人

《症状自评量表（SCL-90）》由 L. R. Derogatis 于 1975 年编制，是世界上目前比较通用的心理健康测试工具之一。主要用于评定个体是否具有某种心理症状及其严重程度如何，可用于自评和他评。该量表包括 90 个项目，包括感觉、思维、情感、行为、人际关系、生活习惯等内容，可以评定一个特定的时间，通常是评定一周以来的心理健康状况。它对有心理症状（即有可能处于心理障碍或心理障碍边缘）的人有良好的区分能力。适用于测查某人群中哪些人可能有心理障碍、某人可能有何种心理障碍及其严重程度。不适合于躁狂症和精神分裂症。

2. 测验目的

（1）以测查受试者感觉、情感、思维、意识、行为、生活习惯、人际关系、饮食睡眠等多角度的心理状况为目的，完成症状自评量表（SCL-90）测验；

（2）了解自己的心理症状及其严重程度，分析其原因，为更合理地安排学

习和生活提供参考;

(3)了解 SCL 测验的内容和要求,掌握测验方法和流程,解读和分析测验报告,根据不同的岗位要求,对应聘者的心理症状及其严重程度评价。

3.测验要求

(1)在"踏瑞人才测评教学系统"软件平台上,所有学生在 30 分钟内完成 SCL 测验的 90 道题,查看并导出测评结果。

(2)测验过程中,每个人对这些问题都会有自己的看法,回答自然也是不同的,因而答案并没有"对""错"之分。请不要有所顾忌,应该根据自己的真实体验和实际情况来回答,不要花费太多的时间去思考,应顺其自然,根据第一印象作出判断。测验中的每一个问题都要回答,不要遗漏,以免影响测验结果的准确性。

4.测验步骤

(1)启动系统,以学生账户登录,单击左边"实验项目"下的"标准化测验",找到"SCL-90",单击进入相应测验界面,见图 1-48。

图 1-48　SCL-90 测验登录界面

(2)单击"开始测试"。

(3)开始测试后,在页面右上角可以看到测试倒计时,左上角可以看到已完成的题目和还没有完成的题目,见图 1-49。学生根据自己的实际情况填写问题,完成后单击"提交"按钮。

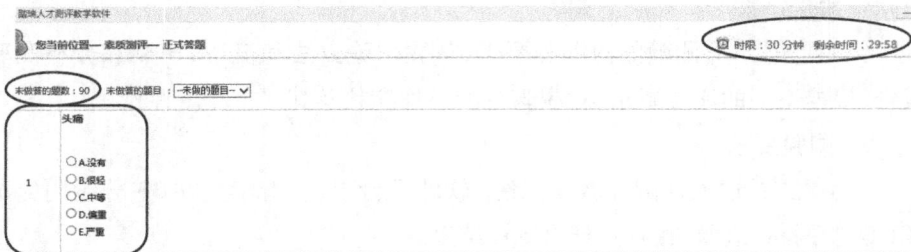

图 1-49 SCL-90 测验界面

（4）当学生没有完成全部题目就单击"提交"按钮时，系统会提示，学生可以通过未完成题目进行查询，把未完成的题目完成；或者单击"确定"按钮，直接提交。

（5）结束测试后在"已完成试卷"中可以查看刚完成测试的实验。

（6）查看测试成绩并下载测试报告。

（7）思考以下问题：

① SCL-90 测试量表的主要功能是什么？主要适合哪些群体使用？

② 结合测验结果解释具有各种职业类型倾向人的典型行为表现。

③ 是否能够根据测验的结果来评定测评者的心理症状？

④ 在咨询诊断中，可以测查出测评者的哪些症状？

测验 14 焦虑自评量表

1. 测验信息

中文名称：焦虑自评量表

英文名称：Self-Rating Anxiety Scale

简　　称：SAS

题目数量：20 题

答题时间：5 分钟

版　　本：2011 修订版

焦虑自评量表（Self-Rating Anxiety Scale，SAS）由 Zung 于 1971 年编制而成。能够准确、迅速地反映伴有焦虑倾向的被试的主观感受。本测验应用范围颇广,适用于各种职业、文化阶层及年龄段的正常人或各类精神病人。包括青少年病人、老年病人和神经症病人。

2. 测验目的

(1)以测查受试者的焦虑倾向为目的,完成焦虑自评量表测验;

(2)了解自己的心理症状,分析其原因,为降低学习和生活压力、合理安排学习和生活内容提供参考;

(3)了解 SAS 测验的内容和要求,掌握测验方法和流程,解读和分析测验报告,根据不同的岗位要求,对应聘者的心理症状进行评价、提高工作满意度、降低工作压力等。

3. 测验要求

在"踏瑞人才测评教学系统"软件平台上,所有学生在 5 分钟内完成 SAS 测验的 20 道题,查看并导出测评结果。

4. 测验步骤

(1)启动系统,以学生账户登录,单击左边"实验项目"下的"标准化测验",找到"焦虑自评量表",单击进入相应测验界面,见图 1-49。

图 1-50　焦虑自评量表测评登录界面

(2)单击"开始测试"。

(3)开始测试后,在页面右上角可以看到测试倒计时,左上角可以看到已完成的题目和还没有完成的题目,见图 1-50。学生根据自己的实际情况填写问题,完成后单击"提交"按钮。

(4)当学生没有完成全部题目就单击"提交"按钮时,系统会提示,学生可以通过未完成题目进行查询,把未完成的题目完成;或者单击"确定"按钮,直接提交。

(5)结束测试后在"已完成试卷"中可以查看刚完成测试的实验。

(6)查看测试成绩,并下载测试报告。

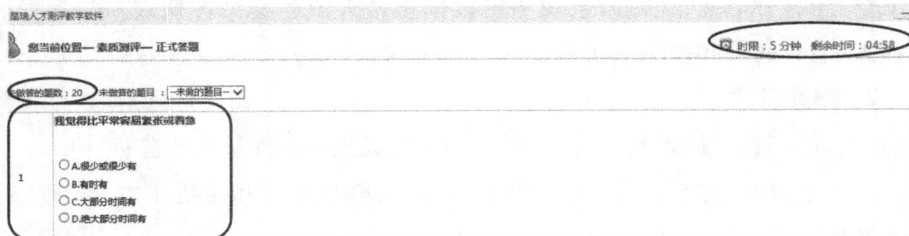

图 1-51　焦虑自评量表测评界面

（7）思考以下问题：

① 请列举焦虑症的表现有哪些？

② 此量表的主要功能是什么？主要用来测评哪些人群？

③ 怎样正确看待测评结果？如何解释测评分数？

④ 在实际应用中怎样才能更好地利用测评结果？

测验 15　抑郁自评量表

1．测验信息

中文名称：抑郁自评量表

英文名称：Self-Rating Depression Scale

简　　称：SDS

题目数量：20 题

答题时间：5 分钟

版　　本：2011 修订版

常模人群：各类人员 700 人

抑郁自评量表由 William W. K. Zung 于 1965 年编制，为美国教育卫生福利部推荐的用于精神药理学研究的量表之一。因使用简便，应用颇广。该量表为自评量表，用于衡量抑郁状态的轻重程度及其在治疗中的变化。1972 年 Zung 增编了与之相应的检查者用本，改自评为他评，称为抑郁状态问卷（Depression Status Inventory，DSI）。

2．测验目的

（1）以测查受试者的抑郁倾向为目的，完成抑郁自评量表测评；

（2）了解自己的心理症状,分析其原因,为缓解抑郁压力、协调安排好学习和生活内容提供参考;

（3）了解 SDS 测验的内容和要求,掌握测验方法和流程,解读和分析测验报告,根据不同的岗位要求,对应聘者的心理症状进行评价、提高工作满意度、降低工作压力等。

3．测验要求

（1）在"踏瑞人才测评教学系统"软件平台上,所有学生在 5 分钟内完成 SDS 测验的 20 道题,查看并导出测评结果。

（2）这是个自我评定量表,因此,要病人或怀疑心情不好的人自己评定,别人不要提醒,更不要加以帮助评定或提出意见来改变病人的看法。如果看不懂内容,可以请别人念,由病人自己评价是什么水平,有还是没有。

此量表评定的时间,不是几小时或 1~2 天内的体会,一般至少是 1 周的时间。如果是第一次评定,最好是 2 周的时间为合适。

此量表 20 个题目中,有一半(10 个)题目的问题是按症状的有无来提问的,如"我夜间睡眠不好"。评分时,从"无、有时、经常到持续"共四个等级,评分从 1 分到 4 分,逐渐加重,无——没有失眠(1 分);有时——一周之内有 1~2 天失眠(2 分);经常——一周之内有 3~4 天失眠(3 分);持续——天天失眠(4 分)。另一半题目的问题是与症状相反提问的,如"我吃饭像平时一样多"。实际上,抑郁病人有食欲下降的症状,但问题却是反向的,在评分时,从"无、有时、经常、持续"的四个等级评分,也正好相反,是逐步减轻的,无——不是和平时一样多,而且是天天都吃得比平时少(4 分);有时——一周内 1~2 天吃得和平时一样多(3 分);经常——一周内 3~4 天吃得和平时一样多(2 分);持续——天天吃得和平时一样多,无食欲下降的症状(1 分)。因此,在进行评定时,千万要注意,问题是属于正向的还是属于反向的。

此量表虽然可以测出抑郁的轻重程度,却不能判断抑郁的分类,测出有抑郁症之后,应该及时到精神科门诊进行详细的检查、诊断及治疗。

4．测验步骤

（1）启动系统,以学生账户登录,单击左边"实验项目"下的"标准化测验",找到"抑郁自评量表",单击进入相应测验界面,见图 1-52。

图 1-52　抑郁自评量表测评登录界面

（2）单击"开始测试"。

（3）开始测试后,在页面右上角可以看到测试倒计时,左上角可以看到已完成的题目和还没有完成的题目,见图 1-53。学生根据自己的实际情况填写问题,完成后单击"提交"按钮。

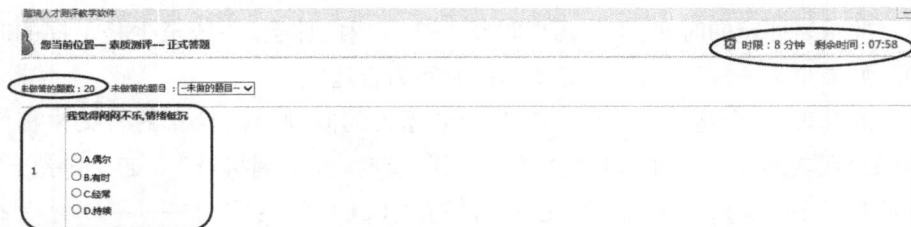

图 1-53　抑郁自评量表测评界面

（4）当学生没有完成全部题目就单击"提交"按钮时,系统会提示,学生可以通过未完成题目进行查询,把未完成的题目完成;或者单击"确定"按钮,直接提交。

（5）结束测试后在"已完成试卷"中可以查看刚完成测试的实验。

（6）查看测试成绩并下载测试报告。

（7）思考以下问题:

① 请列举抑郁症的表现有哪些?

② 此量表是否能够准确地测评一个人的抑郁程度?

③ 此量表的适用范围? 主要用于哪些领域?

④ 是否能够对量表的测评结果做出合理的解释?

测验 16　工作压力问卷

1．测验信息

中文名称：工作压力测量

英文名称：Stress Diagnostic Survey

简　　称：SDS

题目数量：30 题

答题时间：15 分钟

版　　本：2011 修订版

常模人群：各类企业人员 600 人

本量表由伊凡塞维齐和马特森（Ivancevich & Matteson，1980）编制。描述了员工由于下列因素而引起的紧张：角色混淆（5 个题目）、角色冲突（5 个题目）、数量上的角色过载（5 个题目）、质量上的角色过载（5 个题目）、对职业发展的关注（5 个题目）、对他人的责任感（5 个题目）。这个量表也可以当作对当前应激源的一个复合测量指标（Nelson & Sutton，1990）。

2．测验目的

（1）以测查受试者的工作压力程度为目的，完成工作压力测验；

（2）了解自己的工作压力程度，以及压力来源情况，为缓释压力提供参考；

（3）了解 SDS 测验的内容和要求，掌握测验方法和流程，解读测验报告，分析压力来源，根据不同的岗位要求，对应聘者的心理状态进行评价，从而为公司的激励和培训提供指导。

3．测验要求

在"踏瑞人才测评教学系统"软件平台上，所有学生在 15 分钟内完成 SDS 测验的 30 道题，查看并导出测评结果。

4．测验步骤

（1）启动系统，以学生账户登录，单击左边"实验项目"下的"标准化测验"，找到"工作压力测量"，单击进入相应测验界面，见图 1-54。

图 1-54　工作压力测评登录界面

（2）单击"开始测试"。

（3）开始测试后，在页面右上角可以看到测试倒计时，左上角可以看到已完成的题目和还没有完成的题目，图 1-55。学生根据自己的实际情况填写问题，完成后单击"提交"按钮。

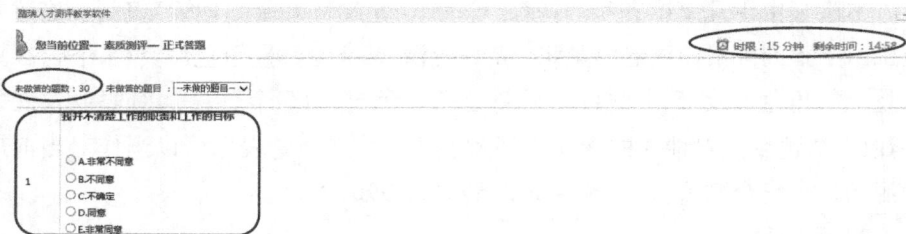

图 1-55　工作压力测评界面

（4）当学生没有完成全部题目就单击"提交"按钮时，系统会提示，学生可以通过未完成题目进行查询，把未完成的题目完成；或者单击"确定"按钮，直接提交。

（5）结束测试后在"已完成试卷"中可以查看刚完成测试的实验。

（6）查看测试成绩并下载测试报告。

（7）思考以下问题：

① 工作压力测试量表的主要功能是什么？主要适合哪些群体使用？

② 结合测验结果解释受测者能体验到的工作压力状况。

③ 是否能够根据测验结果来诊断测试者的压力程度？

④ 是否能够正确理解测试结果？

测验 17　职业倦怠问卷

1. 测验信息

中文名称：Maslach 职业倦怠调查普适量表

英文名称：Maslach Burnout Inventory General Survey

简　　称：MBI-GS

题目数量：16 题

答题时间：约 8 分钟

版　　本：2011 最新修订版

常模人群：各类人员 600 人

职业倦怠的概念最初由 Freudenberger(1974)提出,目前已经成为组织行为学和健康心理学的热点研究领域之一。依据 Maslach 等(1986,1996)的定义,认为工作倦怠就是"在以人为服务对象的职业领域中,个体的一种情感耗竭、人格解体和个人成就感降低的症状"。具体来说的话,倦怠就是"一种发生于正常人身上的持续的、负性的、与工作相关的心理状态,其主要特征是耗竭,并伴随有工作中的烦恼、有效性降低、动机下降、不良态度与行为的形成与发展等特征。对于陷入倦怠泥潭的个体而言,这种心理状态是在相当长的时间内,在个体没有意识到的情况下逐渐形成的。个体工作意愿与工作现实的不匹配是倦怠产生的主要原因。通常情况下,由于与倦怠相关的应对策略的匮乏,倦怠是能使自身长久存在的"。

国内心理学界从 2003 年开始对工作倦怠问题加以关注,李永鑫博士是较早进入这个领域的学者之一,他在文献综述和个案访谈的基础上,参考国外的知名问卷,编制了工作倦怠量表(Chinese Maslach Burnout Inventory,CMBI)。目前该问卷已经为国内近 10 余所高校和科研单位的研究者所采用,广泛运用教师、医护人员、警察、企业管理者和员工、营销员、图书管理员等职业领域。

本问卷通过"零倦怠、轻度倦怠、中度倦怠和高度倦怠"四个水平来考察员工的工作状态。

2. 测验目的

(1)以测查受试者的职业倦怠倾向为目的,完成 Maslach 职业倦怠调查普适量表测试；

（2）了解自己是否具有职业倦怠感，为考察自己的工作状态提供参考；

（3）了解职业倦怠测验的内容和要求，掌握测验方法和流程，解读测验报告，分析职业倦怠的原因，根据不同的岗位要求，对员工的工作状态进行评价，从而为公司的激励提供指导。

3．测验要求

在"踏瑞人才测评教学系统"软件平台上，所有学生在 8 分钟内完成 SDS 测验的 16 道题，查看并导出测评结果。

4．测验步骤

（1）启动系统，以学生账户登录，单击左边"实验项目"下的"标准化测验"，找到"职业倦怠问卷"，单击进入相应测验界面，见图 1-56。

图 1-56　职业倦怠测评登录界面

（2）单击"开始测试"。

（3）开始测试后，在页面右上角可以看到测试倒计时，左上角可以看到已完成的题目和还没有完成的题目，见图 1-57。学生根据自己的实际情况填写问题，完成后单击"提交"按钮。

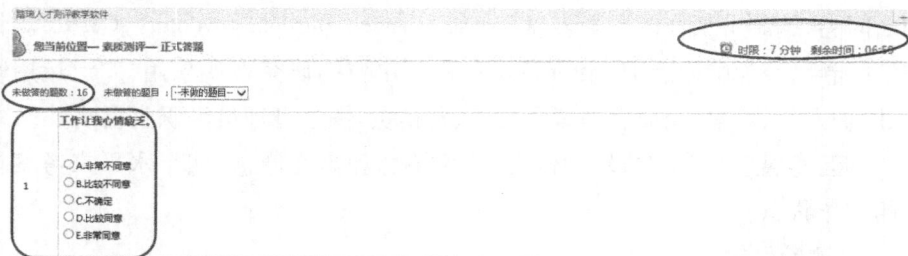

图 1-57　职业倦怠测评界面

（4）当学生没有完成全部题目就单击"提交"按钮时，系统会提示，学生可以通过未完成题目进行查询，把未完成的题目完成；或者单击"确定"按钮，直接提交。

（5）结束测试后在"已完成试卷"中可以查看刚完成测试的实验；

（6）查看测试成绩并下载测试报告。

（7）思考以下问题：

① 请列举职业倦怠症的表现有哪些？

② 此量表是否能够准确地测评一个人的职业倦怠程度？

③ 此量表的适用范围？主要用于哪些领域？

④ 是否能够对量表的测评结果做出合理的解释？

⑤ 哪些工作领域容易出现职业倦怠的状况？

⑥ 假设你是一名管理者，请你思考如何减轻员工职业倦怠的程度？

5. 报告详解

本问卷将个体的倦怠分为四个水平：零倦怠、轻度倦怠、中度倦怠和高度倦怠。各种水平的诊断标准如下：

零度及轻度倦怠（1）：耗竭分数 >25 + 人格解体分数 <11 + 成就感降低分数 <16。此时被试处于轻微的倦怠水平之中，主要问题出现在耗竭维度上，具体表现为个体的情感资源过度消耗，疲乏不堪，精力丧失，容易疲劳，并且这种疲劳可能会伴随有由于不能向过去一样提供良好服务而导致的挫败感和紧张状态。个体的积极情绪匮乏，消极情绪占据主导地位，易激怒。

零度及轻度倦怠（2）：耗竭分数 <25 + 人格解体分数 >11 + 成就感降低分数 <16。此时被试处于轻微的倦怠水平之中，主要问题出现在人格解体维度上，具体表现为在工作中特别是与工作对象打交道时采取一种负性的、冷淡的、过度疏远的态度，觉得工作对象的要求是给自己找麻烦，尽量减少与工作对象的交往，在必需的与工作对象的交流中，经常使用一些贬损的语言，表现得极为退缩。一个形象的比喻就是一个小官僚主义者，严格地按照教条来与工作对象打交道，而不是去努力解决问题，满足工作对象的需要。

零度及轻度倦怠（3）：耗竭分数 <25 + 人格解体分数 <11 + 成就感降低分数 >16。此时被试处于轻微的倦怠水平之中，主要问题出现在成就感降低维度上，具体表现为个体对自己的工作及其绩效进行负性的评价，工作胜任感和从工作中获得的成就感降低,经常感觉到自己的工作缺乏进步,甚至是在原有的水平上有所降低。

中度倦怠(1):耗竭分数 > 25 + 人格解体分数 > 11 + 成就感降低分数 < 16。此时被试处于中度倦怠水平之中,主要问题出现在情感耗竭和人格解体维度上。具体症状描述为轻度倦怠(1) + 轻度倦怠(2)

中度倦怠(2):耗竭分数 > 25 + 人格解体分数 < 11 + 成就感降低分数 > 16。此时被试处于中度倦怠水平之中,主要问题出现在情感耗竭和成就感降低维度上。具体症状描述为轻度倦怠(1) + 轻度倦怠(3)

中度倦怠(3):耗竭分数 < 25 + 人格解体分数 > 11 + 成就感降低分数 > 16。此时被试处于中度倦怠水平之中,主要问题出现在人格解体和成就感降低维度上。具体症状描述为轻度倦怠(2) + 轻度倦怠(3)

高度倦怠:耗竭分数 > 25 + 人格解体分数 > 11 + 成就感降低分数 > 16。此时被试处于高度倦怠水平之中,在倦怠的三个维度上都出现了问题。具体描述为轻度倦怠(1) + 轻度倦怠(2) + 轻度倦怠(3)。此时的个体由于工作压力太大,往往产生辞职的意念,即使由于各种原因,暂不能离职的话,工作质量也很差,服务态度恶劣,自觉工作绩效低下。组织应当暂停这类人的工作,安排休假,采取各种措施帮助其从倦怠的泥潭中走出来。

实验项目五:经典智力测验

测验18 瑞文智力测验

1. 测验信息

中文名称:瑞文智力测验

英文名称:Raven's Standard Progressive Matrices

简　　称:SPM

题目数量:60 题

答题时间:40 分钟

原 创 者:J. C. Raven

版　　本:张厚粲 1985 年修订版

常模人群:根据不同年龄阶段设定常模,每一年龄阶段人数不低于 500 人。

瑞文测验的编制在理论上依据斯皮尔曼(Spearman)的智力二因素论,该理论认为智力主要由两个因素构成,其一是一般因素,又称"g"因素,它可以渗入所有的智力活动中,每个人都具有这种能力,但水平上有差异;其二是特殊因素,可用"s"表示,这类因素种类多,与特定任务高度相关。人们认为瑞文测验是测量"g"因素的有效工具,尤其与测量人解决问题、使知觉和思维保持清晰、发现和利用自己所需信息及有效地适应社会生活的能力有关。

瑞文标准推理测验是英国心理学家瑞文(J. C. Raven)1938 年设计的非文字智力测验。瑞文标准推理测验是纯粹的非文字智力测验,属于渐近性矩阵图,整个测验一共有 60 张图组成,按逐步增加难度的顺序分成 A,B,C,D,E 五组,每组都有一定的主题,题目的类型略有不同。从直观上看,A 组主要测知觉辨别力、图形比较、图形想象力等;B 组主要测类同比较、图形组合等;C 组主要测比较推理和图形组合;D 组主要测系列关系、图形套合、比拟等;E 组主要测互换、交错等抽象推理能力。可见,各组要求的思维操作水平也是不同的。测验通过评价被测者这些思维活动来研究他的智力活动能力。每一组包含 12 道题目,按逐渐增加难度的方式排列。每道题目由一幅缺少一小部分的大图案和作为选项的 6~8 张小图片组成。测验中要求被测者根据大图案内图形间的某种关系——这正是需要被测者去思考、去发现的,看小图片中的哪一张填入(在头脑中想象)大图案中缺少的部分最合适,主要用于对智力的了解和筛选。

本测验采用的标准型推理测验(SPM)是由全国修订协作组(张厚粲教授等)修订后的中国城市版。

2. 测验目的

(1)以测查受试者的智力水平为目的,完成瑞文智力测验;

(2)了解自己的智力水平,分析智力优劣势,为职业发展提供参考;

(3)了解瑞文智力测验的内容和要求,掌握测验方法和流程,解读和分析测验报告,熟练运用该测验方法测评应聘者的智能诊断和人才的选择与培养。

3. 测验要求

在"踏瑞人才测评教学系统"软件平台上,所有学生在 40 分钟内完成瑞文智力测验的 60 道题,查看并导出测评结果。

4. 测验步骤

（1）启动系统，以学生账户登录，单击左边"实验项目"下的"标准化测验"，找到"瑞文智力测验"，单击进入相应测验界面，见图1-58。

图1-58　瑞文智力测验登录界面

（2）单击"开始测试"。

（3）开始测试后，在页面右上角可以看到测试倒计时，左上角可以看到已完成的题目和还没有完成的题目，见图1-59。学生根据自己的实际情况填写问题，完成后单击"提交"按钮。

（4）当学生没有完成全部题目就单击"提交"按钮时，系统会提示，学生可以通过未完成题目进行查询，把未完成的题目完成；或者单击"确定"按钮，直接提交。

（5）结束测试后在"已完成试卷"中可以查看刚完成测试的实验。

（6）查看测试成绩并下载测试报告。

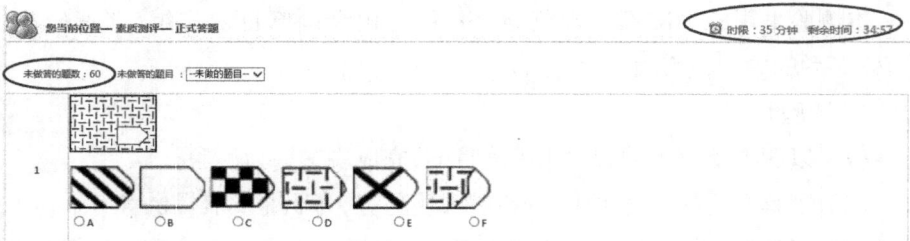

图1-59　瑞文智力测验界面

（7）思考以下问题：

① 瑞文智力测验的用途有哪些？与其他智力测验量表的关系和差别有哪些？

② 瑞文测验存在哪些优缺点？使用时是否受文化程度、文化差异的影响？

③ 瑞文测验主要测试了哪些能力？本测验包括哪几个分测验？

④ 当你完成了本测验后,对这种非文字的智力测验感受如何？你认为这种测验模式能够真实地反映出你的智力水平吗？测验结果与你对自己的认识,或他人对你智力方面的评价有何差异？

5. 报告详解

瑞文智力测验结果总共分为五个等级:0~5 为智力缺陷,6~25 为中下水平,26~75 为中等水平,76~95 为良好水平,超过 95 则为优秀水平。本测验共 60 题,分为五个部分,每部分 12 道题,系统给出的各部分答对率,是指学生在 A—E 五个部分答对题目的比率,仅作为专业人员分析学生智力发展时的参考。一般情况下只以总分结果做出判断。

实验项目六：职业适应性测验

职业适应性是指一个人从事某项工作时必须具备的生理、心理素质特征。它是在先天因素和后天环境相互作用的基础上形成和发展起来的。职业适应性测评(Vocational adaptability Test)就是通过一系列科学的测评手段,对人的身心素质水平进行评价,使人与职业匹配科学、合理,以提高工作效率、减少事故。职业适应性测评一般不具有强制性,仅作为人才选拔和留用的参考。本实验课程所包含的职业适应性测验包括霍兰德职业兴趣测验、职业锚问卷和职业价值观量表,详见表 1-12。

表 1-12 职业适应性测验的类别

测验类别	测验名称	信度	测验简介
职业适应性	13. 霍兰德职业兴趣测验	0.90	基于霍兰德职业兴趣理论测量个体的职业兴趣类型
	14. 职业锚问卷	0.82	主要考察人们内心深层次价值观、能力和动力的整合体
	15. 职业价值观量表	0.79	基于当前职业价值观研究的最新进展,开发用于考察个体职业价值观特点的工具

测验 19 霍兰德职业兴趣测验

1．测验信息

中文名称：霍兰德职业倾向试验量表

英文名称：Holland Vocational Interest Inventory Profile

简　　称：HVII

题目数量：228 题

答题时间：40 分钟

版　　本：2011 最新修订版

常模人群：各类人群不低于 800 人。

霍兰德的职业理论由美国心理学家、职业指导专家霍兰德（John L. Holland）提出，其核心假设是人可以分为六大类，即现实型、研究型、社会型、传统型、企业型、艺术型。职业环境也可以分成相应的同样名称的六大类，人格与职业环境的匹配是形成职业满意度、成就感的基础。本测验有助于发现和确定自己的职业兴趣和能力特长，从而更好地做出求职择业的决策。

2．测验目的

（1）为测查受试者的职业倾向，完成霍兰德职业倾向试验量表；

（2）了解自己的职业兴趣，为职业选择提供参考；

（3）了解霍兰德职业倾向试验量表的内容和要求，掌握测验方法和流程，解读和分析测验报告，熟练掌握该测验方法，为更理性地做出职业规划或岗位选择做准备。

3．测验要求

在"踏瑞人才测评教学系统"软件平台上，所有学生在 40 分钟内完成霍兰德职业倾向测验的 228 道题，查看并导出测评结果。

4．测验步骤

（1）启动系统，以学生账户登录，单击左边"实验项目"下的"标准化测验"，找到"霍兰德职业倾向测验"，单击进入相应测验界面，见图 1-60。

图 1-60　霍兰德职业倾向测验登录界面

（2）单击"开始测试"。

（3）开始测试后,在页面右上角可以看到测试倒计时,左上角可以看到已完成的题目和还没有完成的题目,见图 1-61。学生根据自己的实际情况填写问题,完成后单击"提交"按钮。

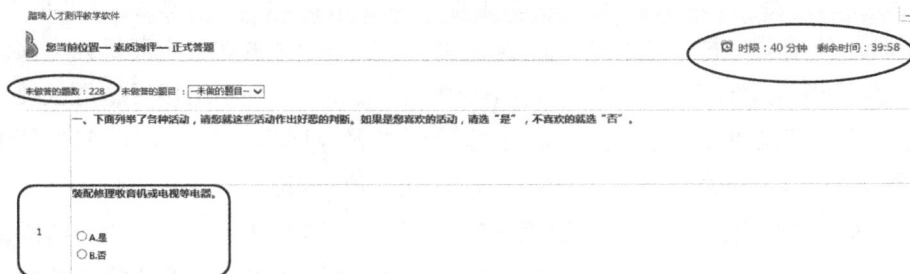

图 1-61　霍兰德职业倾向测验界面

（4）当学生没有完成全部题目就单击"提交"按钮时,系统会提示,学生可以通过未完成题目进行查询,把未完成的题目完成;或者单击"确定"按钮,直接提交。

（5）结束测试后在"已完成试卷"中可以查看刚完成测试的实验。

（6）查看测试成绩并下载测试报告。

（7）思考以下问题:

① 霍兰德职业倾向试验量表的主要功能是什么? 主要适合哪些群体使用?

② 结合测验结果解释具有各种人格类型倾向个体的典型行为表现。

③ 测验是否能够准确测出被试者的职业倾向?

④ 如何根据测试结果来描述被试者的个人兴趣和职业倾向？

测验 20 职业锚问卷

1. 测验信息

中文名称：职业锚问卷

英文名称：Career Aanchors Orientation Inventory

简 称：CAOI

题目数量：40 题

答题时间：10 分钟

版 本：2011 最新修订版

常模人群：各类人群不低于 800 人

职业锚理论产生于在职业生涯规划领域具有"教父"级地位的美国麻省理工学院斯隆商学院、美国著名的职业指导专家埃德加·H·施恩（Edgar. H. Schein）教授领导的专门研究小组，是在对该学院毕业生的职业生涯研究中演绎成的。斯隆管理学院的 44 名 MBA 毕业生，自愿形成一个小组接受施恩教授长达 12 年的职业生涯研究，包括面谈、跟踪调查、公司调查、人才测评、问卷等多种方式，最终分析总结出了职业锚（又称职业定位）理论。

所谓职业锚，又称职业系留点，是人们在选择和发展自己的职业时所围绕的中心，是指当一个人不得不做出选择的时候，他无论如何都不会放弃的职业中的那种至关重要的东西或价值观，是自我意向的一个习得部分。个人进入早期工作情境后，由习得的实际工作经验所决定，与在经验中自省的动机、价值观、才干相符合，达到自我满足和补偿的一种稳定的职业定位。职业锚强调个人能力、动机和价值观三方面的相互作用与整合。职业锚是个人同工作环境互动作用的产物，在实际工作中是不断调整的。

职业锚问卷是国外职业测评运用最广泛、最有效的工具之一。职业锚问卷是一种职业生涯规划咨询、自我了解的工具，能够协助组织或个人进行更理想的职业生涯发展规划。

2. 测验目的

（1）以测查受试者的个人能力、动机和价值观等职业匹配度为目的，完成职业锚问卷；

（2）了解自己的职业兴趣，为选择工作、制定职业生涯发展规划提供依据；

（3）了解职业锚问卷的内容和要求，掌握测验方法和流程，解读和分析测验报告，能够协助组织或个人进行更理想的职业生涯发展规划。

3. 测验要求

在"踏瑞人才测评教学系统"软件平台上，所有学生在 10 分钟内完成职业锚问卷测验的 40 道题，查看并导出测评结果。

4. 测验步骤

（1）启动系统，以学生账户登录，单击左边"实验项目"下的"标准化测验"，找到"职业锚问卷"，单击进入相应测验界面，见图 1-62。

图 1-62　职业锚问卷测验登录界面

（2）单击"开始测试"。

（3）开始测试后，在页面右上角可以看到测试倒计时，左上角可以看到已完成的题目和还没有完成的题目，见图 1-63。学生根据自己的实际情况填写问题，完成后单击"提交"按钮。

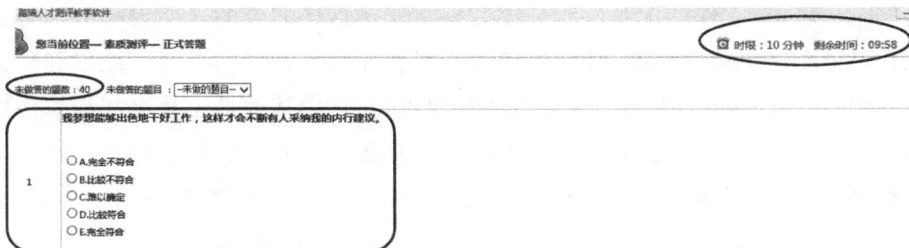

图 1-63　职业锚问卷测验界面

（4）当学生没有完成全部题目就单击"提交"按钮时，系统会提示，学生可以通过未完成题目进行查询，把未完成的题目完成；或者单击"确定"按钮，直接提交。

（5）结束测试后在"已完成试卷"中可以查看刚完成测试的实验。

（6）查看测试成绩，并下载测试报告。

（7）思考以下问题：

① 职业锚测验可以作为人员招聘的主要依据吗？

② 职业锚测验的结果是否真实反映了你的职业倾向呢？

③ 职业锚测验是否可以用职业兴趣测验代替呢？它们有什么区别？

测验 21   职业价值观量表

1. 测验信息

中文名称：职业价值观调查表

英文名称：Work Values Inventory

简　　称：WVI

题目数量：21 题

答题时间：15 分钟

版　　本：2011 最新修订版版

常模人群：无（说明：本测验结果为自我比较类报告，无须通过常模参照）

本量表是由曼哈特（Manhardt，1972）编制的。它评估了 25 种工作特征的重要性。曼哈特发现其中 21 种工作特征分属于三个维度。它们分别是：舒适和安全，能力和成长，地位和独立。舒适和安全包括工作特征中诸如拥有一个舒适的工作环境、工作的保险性和规律的日常安排这样的方面。能力和成长包括工作特征中诸如智力刺激、技能的持续发展和成就感这样的方面。地位和独立主要包括工作特征中诸如取得更高薪酬的机会、管理其他员工从事与组织休戚相关的工作这样的方面（Manhardt，1972）。本测量也可经修改后用于评估在多大程度上这些工作特征出现于目前的工作中（Meyer，Irving & Allen，1998）。

2. 测验目的

（1）以测查受试者的职业价值观为目的，完成职业价值观调查表；

（2）了解自己的工作价值观，以进行生涯规划与自我了解；

（3）了解职业价值观的内容和要求，掌握测验方法和流程，解读和分析测验报告，能够协助组织或个人进行更理想的职业生涯发展规划。

3．测验要求

在"踏瑞人才测评教学系统"软件平台上，所有学生在 15 分钟内完成职业价值观量表的 21 道题，查看并导出测评结果。

4．测验步骤

（1）启动系统，以学生账户登录，单击左边"实验项目"下的"标准化测验"，找到"职业价值观量表"，单击进入相应测验界面，见图 1-64。

图 1-64　职业价值观量表测评登录界面

（2）单击"开始测试"。

（3）开始测试后，在页面右上角可以看到测试倒计时，左上角可以看到已完成的题目和还没有完成的题目，见图 1-65。学生根据自己的实际情况填写问题，完成后单击"提交"按钮。

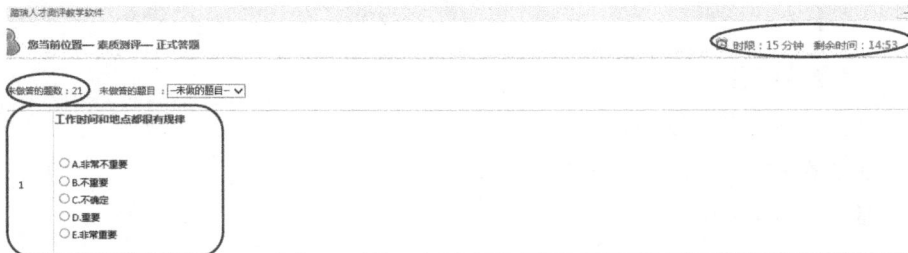

图 1-65　职业价值观量表测评界面

（4）当学生没有完成全部题目就单击"提交"按钮时，系统会提示，学生可以通过未完成题目进行查询,把未完成的题目完成;或者单击"确定"按钮,直接提交。

（5）结束测试后在"已完成试卷"中可以查看刚完成测试的实验。

（6）查看测试成绩,查看并下载测试报告。

（7）思考以下问题:

① 工作价值调查量表的主要功能是什么？ 主要适合哪些群体使用？

② 结合测验结果解释具有受测者的工作价值观取向。

③ 测试提供的结果是否有助于个体更好地确定个人价值观？

④ 在实际的应用中,如何更好地应用量表的测试结果？

实验项目七：组织诊断测验

组织诊断是指在对组织的文化、结构及环境等综合考核与评估的基础上,确定是否需要变革的活动。本实验课程主要包括员工满意度调查和组织承诺调查两大问卷测验,具体内容详见表1-13。

表1-13　组织诊断测验的类别

测验类别	测验名称	信度	测验简介
组织诊断测验	22. 员工满意度调查问卷	0.77 ~ 0.93	从企业和员工两方面来考察企业对员工成长提供的环境和员工对于企业的组织认同程度,以帮助企业和员工能更好地成长
	23. 组织承诺调查问卷	0.79 ~ 0.84	

测验22　员工满意度调查问卷

1. 测验信息

中文名称：员工满意度测验

英文名称：Employee Satisfaction Test

简　　称：EST

题目数量：48 题

答题时间：10 分钟

版　　本：2011 最新版

常模人群：企业普通员工 700 人

员工满意度调查（Employee Satisfaction Survey）是一种科学的人力资源管理工具，它通常以问卷调查等形式，收集员工对企业管理各个方面满意程度的信息，然后通过后续专业、科学的数据统计和分析，真实地反映公司经营管理现状，为企业管理者决策提供客观的参考依据。同时，它还有助于培养员工对企业的认同感、归属感，不断增强员工对企业的向心力和凝聚力。员工满意度调查活动使员工在民主管理的基础上树立以企业为中心的群体意识，从而使其在潜意识中对组织集体产生强大的向心力。本测验在综合考察多种同类量表的基础上编制而成，分别从福利待遇、人际关系、工作成就和认可等八个方面来评估员工的满意度水平。

2．测验目的

了解员工满意度的内容和要求，掌握测验方法和流程，解读和分析测验报告，利用测评结果为企业分析员工工作状态，从而为管理层反省企业管理状况，及时改进管理，增强企业凝聚力提供具有重要参考意义的依据。

3．测验要求

在"踏瑞人才测评教学系统"软件平台上，所有学生在 10 分钟内完成员工满意度测验的 48 道题，查看并导出测评结果。

4．测验步骤

（1）启动系统，以学生账户登录，单击左边"实验项目"下的"标准化测验"，找到"员工满意度调查表"，单击进入相应测验界面，详见图 1-66。

图 1-66　员工满意度测验登录页面

（2）单击"开始测试"。

（3）开始测试后，在页面右上角可以看到测试倒计时，左上角可以看到已完成的题目和还没有完成的题目，见图1-67。学生根据自己的实际情况填写问题，完成后单击"提交"按钮。

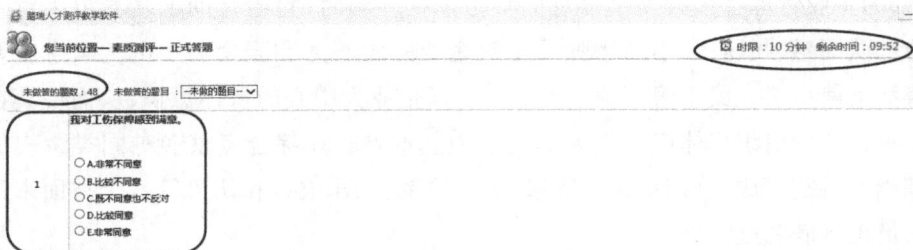

图1-67 员工满意度测验页面

（4）当学生没有完成全部题目就单击"提交"按钮时，系统会提示，学生可以通过未完成题目进行查询，把未完成的题目完成；或者单击"确定"按钮，直接提交。

（5）结束测试后在"已完成试卷"中可以查看刚完成测试的实验。

（6）查看测试成绩并下载测试报告。

（7）思考以下问题：

① 除了量表中提到的员工满意度调查需要考虑的指标外，你还能想到哪些指标？请列举并解释其中的内涵。

② 员工满意度测验所测评的维度是否全面？

③ 员工满意度的作用是什么？如何使其功能最大化？

④ 是否能够对员工满意度测验的结果做出合理的解释？根据结果公司应该做出何种对策？

5. 测验详解

员工满意度测验分为7个维度：战略发展方向、领导力、薪酬和认可机制、员工成长氛围、客户导向、敬业度、总体满意度。

（1）战略发展方向

对公司的战略目标、发展阶段、发展策略及阶段性任务是否有清晰的认识，是否明确自己当前工作与公司发展方向之间的关系。

（2）领导力

对公司高层管理人员管理技巧、沟通方式等领导素质的评价。

（3）薪酬和认可机制

对自己薪酬、福利、医疗保险水平的满意程度。

（4）员工成长氛围

对同事间关系的感受；是否拥有个人成长的资源、空间和机会；个人进步能否得到肯定。

（5）客户导向

将公司与客户间的关系，公司满足客户需求的情况作为自身对单位满意度的指标。

（6）敬业度

能够在工作中体验到成就和价值感的程度及愿意付出更多努力的程度。

（7）总体满意度

对公司各个方面的综合满意度评定。

测验 23　组织承诺调查问卷

1. 测验信息

中文名称：组织承诺调查问卷

英文名称：Organizational Commitment Questionnaire

简　　称：OCQ

题目数量：24 题

答题时间：15 分钟

原 创 者：莫迪（Mowday）等

原 版 本：1979 版

本　　版：2011 最新修订版

常模人群：无（说明：通过原始分诊断组织承诺高低，无须通过常模参照）

组织承诺（Organizational Commitment）也可译为"组织归属感""组织忠诚"等，这一概念最早由 Becker（1960）提出，他将承诺定义为由单方投入（sidebet）产生的维持"活动一致性"的倾向。在组织中，这种单方投入可以指一切有价值的东西,如福利、精力及已经掌握的只能用于特定组织的技能等。他认为组织承诺是员工随着其对组织的"单方投入"的增加而不得不继续留在该组织的一种心理现象。

本量表是由迈耶和艾伦(Meyer & Allen,1997)编制的。它描述了三种类型的组织承诺:情感承诺测量了一个员工对他(她)所在组织的情感依恋、认同和投入度;规范承诺反映了基于组织社会化而对员工带来的压力;连续承诺涉及员工对离开组织所导致损失的认知。本量表也可用于描述职业承诺或工作承诺(Coleman,Irving & Cooper,1999;Meyer,Allen & Smith,1993)。

2. 测验目的

(1)以测查受试者情感承诺、规范承诺、连续承诺三个维度的组织忠诚度为目的,完成组织承诺问卷;

(2)了解自己的组织承诺感,以进行自我了解,帮助自己增强组织凝聚力;

(3)了解组织承诺的内容和要求,掌握测验方法和流程,解读和分析测验报告,测验结果有助于了解员工工作状态和工作满意度,从而为管理层提高管理能效、增强企业凝聚力提供具有重要参考意义的依据。

3. 测验要求

在"踏瑞人才测评教学系统"软件平台上,所有学生在15分钟内完成组织承诺测验的24道题,查看并导出测评结果。

4. 测验步骤

(1)启动系统,以学生账户登录,单击左边"实验项目"下的"标准化测验",找到"组织承诺量表",单击进入相应测验界面,见图1-68。

图1-68　组织承诺问卷测评登录界面

（2）单击"开始测试"。

（3）开始测试后，在页面右上角可以看到测试倒计时，左上角可以看到已完成的题目和还没有完成的题目，见图1-69。学生根据自己的实际情况填写问题，完成后单击"提交"按钮。

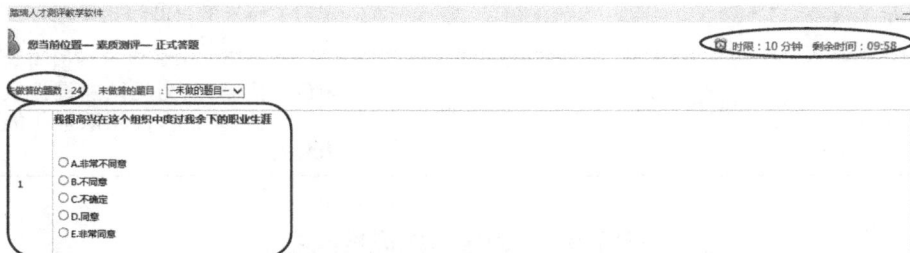

图1-69　组织承诺问卷测评界面

（4）当学生没有完成全部题目就单击"提交"按钮时，系统会提示，学生可以通过未完成题目进行查询，把未完成的题目完成；或者单击"确定"按钮，直接提交。

（5）结束测试后在"已完成试卷"中可以查看刚完成测试的实验。

（6）查看测试成绩并下载测试报告。

（7）思考以下问题：

① 组织承诺量表的主要功能是什么？主要适合哪些群体使用？

② 结合测验结果解释受测个体会有什么不同倾向的组织承诺表现。

③ 组织承诺问卷对员工的认同组织的程度的评价效度如何？

④ 组织承诺问卷是否能够很好地预测工作绩效？

实验项目八：管理行为测验

本实验课程的管理行为测验主要包括领导行为风格测验和团队角色问卷，具体见表1-14。

表 1-14　管理行为测验的类别

测验类别	测验名称	信度	测验简介
管理行为测验	24. 领导行为风格问卷	0.89	以关心人和关心工作两个维度开发出来的测验,既可以对个体的领导风格做出评估,也可以帮助个体发展自己的领导力
	25. 团队角色问卷	0.83	考察团队中各成员所担当的角色特征,可以为团队建设提供有价值的参考,提高团队运作能力和效率

测验 24　领导行为风格问卷

1. 测验信息

中文名称:领导行为风格问卷

英文名称:Behavior Style of Leadership

简　　称:BSL

题目数量:40 题

答题时间:20 分钟

版　　本:2011 最新修订版版

常模人群:无(说明:本测验结果为自我比较类报告,无须通过常模参照)

领导行为理论始于俄亥俄州立大学 20 世纪 50 年代早期的研究。该校的研究者首先拟出了一千多种领导行为特征,后经不断提炼概括,归纳为"关心人"与"抓组织工作"两大方面。本问卷通过对关心人和关心组织两个维度的测试,希望检测出被测者的领导行为风格倾向。

2. 测验目的

(1) 以测查受试者的领导行为风格倾向为目的,完成领导行为风格问卷;

(2) 了解自己的领导能力,帮助自己开展职业生涯规划;

(3) 了解领导行为风格的内容和要求,掌握测验方法和流程,解读和分析测验报告,为受试者开展职业生涯规划。

3. 测验要求

在"踏瑞人才测评教学系统"软件平台上,所有学生在 20 分钟内完成组织

承诺测验的 40 道题,查看并导出测评结果;

4. 测验步骤

(1)启动系统,以学生账户登录,单击左边"实验项目"下的"标准化测验",找到"领导行为风格问卷",单击进入相应测验界面,见图 1-70。

图 1-70　领导行为风格测评登录界面

(2)单击"开始测试"。

(3)开始测试后,在页面右上角可以看到测试倒计时,左上角可以看到已完成的题目和还没有完成的题目,见图 1-71。学生根据自己的实际情况填写问题,完成后单击"提交"按钮。

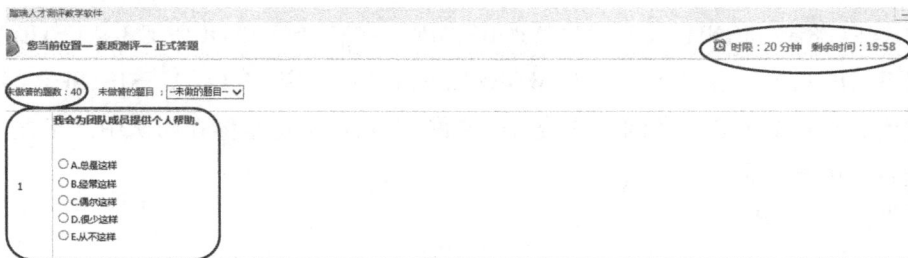

图 1-71　领导行为风格测评界面

(4)当学生没有完成全部题目就单击"提交"按钮时,系统会提示,学生可以通过未完成题目进行查询,把未完成的题目完成。或者单击"确定"按钮,直接提交。

(5)结束测试后在"已完成试卷"中可以查看刚完成测试的实验。

(6)查看测试成绩并下载测试报告。

(7)思考以下问题:

① 领导行为风格问卷的主要功能是什么? 主要适合哪些群体使用?

② 结合测验结果解释具有不同领导行为风格的人的典型行为表现。

③ 在实际应用中，领导风格是否与测试结果相一致？

测验 25　团队角色问卷

1. 测验信息

中文名称：团队角色问卷

英文名称：Belbin's Team Role Inventory

简　　称：BTRI

题目数量：39 题

答题时间：15 分钟

根据英国剑桥产业培训研究部前主任梅雷迪恩·贝尔宾（R. Meredith Belbin）博士 1996 年在《管理团队成败启示录（Management Teams：Why They Succeed or Fail）》一书中的研究，一个成功的团队通常需要有以下九种角色存在：总体协调者（CO-ORDINATORS，CO）、推进者（SHAPERS，SH）、执行者（IMPLEMENTERS，IMP）、完善者（COMPLETER FINISHERS，CF）、创新者（PLANTS，PL）、监督者（MONITOR EVALUATORS，ME）、信息者（RESOURCE INVESTIGATORS，RI）、团队协作者（TEAM WORKERS，TW）、专家（SPECIALISTS，SP）。本问卷为贝尔宾团队角色问卷的最新中文修订版，可鉴定个体在团队中属于九种角色中的哪一种。

2. 测验目的

（1）以测查受试者的团队角色为目的，完成团队角色问卷；

（2）了解自己的团队角色，对培养自己的团队合作精神提供参考；

（3）了解团队角色的内容和要求，掌握测验方法和流程，解读和分析测验报告，利用测验结果为团队建设提供有价值的参考，使得团队班子的搭建趋于合理，提高团队运作能力和效率。在人员招聘中，可以为选拔具有团队合作精神的人员时提供指导和依据。

3. 测验要求

在"踏瑞人才测评教学系统"软件平台上，所有学生在 15 分钟内完成组织承诺测验的 39 道题，查看并导出测评结果。

4．测验步骤

（1）启动系统，以学生账户登录，单击左边"实验项目"下的"标准化测验"，找到"团队角色问卷"，单击进入相应测验界面，见图1-72。

图1-72 团队角色测试登录界面

（2）单击"开始测试"。

（3）开始测试后，在页面右上角可以看到测试倒计时，左上角可以看到已完成的题目和还没有完成的题目，见图1-73。学生根据自己的实际情况填写问题，完成后单击"提交"按钮。

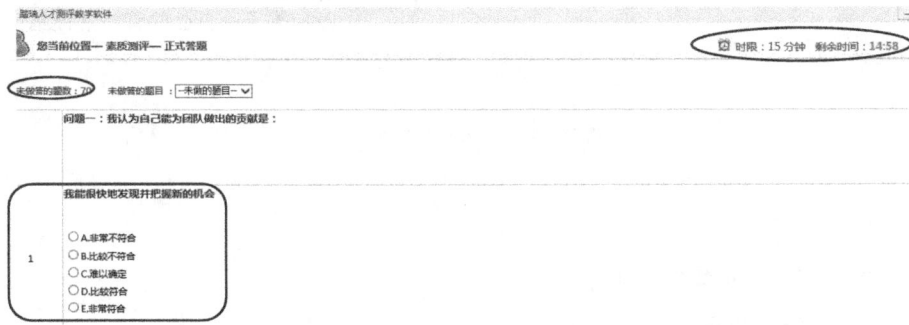

图1-73 团队角色测试界面

（4）当学生没有完成全部题目就单击"提交"按钮时，系统会提示，学生可以通过未完成题目进行查询，把未完成的题目完成；或者单击"确定"按钮，直接提交。

（5）结束测试后在"已完成试卷"中可以查看刚完成测试的实验。

（6）查看测试成绩并下载测试报告。

（7）思考以下问题：

① 团队角色测验中团队成员的配置有什么启示？

② 如何正确理解团队角色测验所得出的分数？

③ 团队角色测验是否能够真正反映个体在团队中的扮演角色？

④ 如何正确运用测验，以便在应用中提供有效的指导作用？

实验项目九：专项能力测验

本实验课程的专项能力测验主要包括销售能力测验和管理能力自评测验，具体见表 1-15。

表 1-15　专项能力测验的类别

测验类别	测验名称	信度	测验简介
专项能力测验	26. 销售能力测验	0.88	根据销售人员所必备的能力素质模型开发而成，可作为对销售人员进行招聘筛选的测评工具
	27. 管理能力测验	0.77	根据管理人员应具备的一般管理能力素质模型开发而成，帮助个体了解自己的管理潜能情况

测验 26　销售能力测验

1. 测验信息

中文名称：销售能力测验

英文名称：Sales Ability Test

简　　称：SAT

题目数量：20 题

答题时间：10 分钟

版　　本：2011 修订版

常模人群：在职及应聘销售岗位各类人员 700 人

对一个公司而言，其销售人员的重要性是不言而喻的。然而，传统上多数企业仅凭简单的面试和简历筛选来挑选优秀的销售人员，无疑会增加企业经营成本和风险。相比面试表现和简历内容，销售人员的潜能才更能决定其实际的业绩表现。因此，企业要挑选优秀的销售人员必须对销售人员的潜能进行科学的评估。本测验正是为满足这一需要而开发的,通过考察销售人员必备的能力门槛素质来比较全面地衡量销售人员的销售潜能。

2．测验目的

（1）以测查受试者的销售能力为目的,完成销售能力测验;

（2）了解自己的销售能力,以确定自己是否适合销售行业;

（3）了解销售能力测验的内容和要求,掌握测验方法和流程,解读和分析测验报告,在销售人员的选拔中,熟练运用该测验,快速地选拔出所需人才。

3．测验要求

在"踏瑞人才测评教学系统"软件平台上,所有学生在 10 分钟内完成销售能力测验的 20 道题,查看并导出测评结果。

4．测验步骤

（1）启动系统,以学生账户登录,单击左边"实验项目"下的"标准化测验",找到"销售能力测验",单击进入相应测验界面,见图 1-74。

图 1-74　销售能力测验登录界面

（2）单击"开始测试"。

（3）开始测试后,在页面右上角可以看到测试倒计时,左上角可以看到已完成的题目和还没有完成的题目,见图 1-75。学生根据自己的实际情况填写问题,完成后单击"提交"按钮。

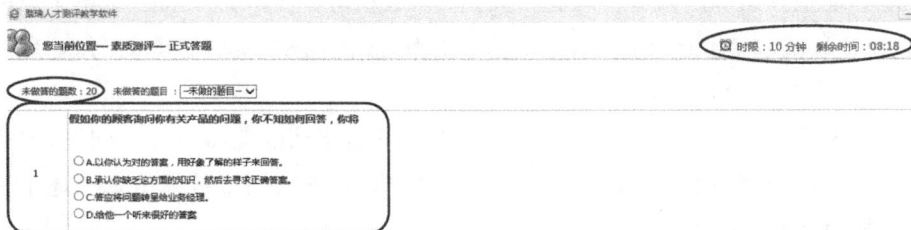

图 1-75　销售能力测验界面

（4）当学生没有完成全部题目就单击"提交"按钮时,系统会提示,学生可以通过未完成题目进行查询,把未完成的题目完成;或者单击"确定"按钮,直接提交。

（5）结束测试后在"已完成试卷"中可以查看刚完成测试的实验。

（6）查看测试成绩并下载测试报告。

（7）思考以下问题:

① 请思考要成为优秀销售人员需要具备哪些素质要求?

② 在实际的选拔中,此测验还应该结合哪些测验结果来分析?

③ 此测验是否能够全面地测评销售行业所需的素质?

④ 此测验的预测性效度如何?

测验 27　管理能力测验

1. 测验信息

中文名称：管理能力测验

英文名称：Management Ability Test

简　　称：MAT

题目数量：38 题

答题时间：25 分钟

版　　本：2011 修订版

常模人群：14 218 人（群体：各类管理人员;地域：全国）

管理者管理能力的高低,对保证组织目标的实现和管理效能的提高,起着决定性的作用。结合国内外相关研究,以及诺姆四达的研究,总结出管理者若要准确地把握组织的效率,需具备十种管理能力或素质：客观公正、了解下属能力、应变能力、信息传递能力、权威运用能力、成就欲望、组织协调能力、管理控制能力、洞察能力和决策能力。

本测验选择了一些管理者在管理工作中可能遇到的典型事件或问题,要求被评价者对处理该事件或问题的方式进行选择,以此来衡量被评价者上述十种管理能力和素质的水平。

2. 测验目的

（1）以测查受试者的管理能力为目的，完成管理能力测验；

（2）了解自己的管理能力，以确定自己是否适合管理工作；

（3）了解管理能力测验的内容和要求，掌握测验方法和流程，解读和分析测验报告，在企业组织招聘管理人员前期或后期筛选、内部选拔管理人员时，熟练运用该测验方法对候选人管理素质进行考察，利用测评结果结合其他信息对被测者的培训提升进行指导。

3. 测验要求

在"踏瑞人才测评教学系统"软件平台上，所有学生在 25 分钟内完成组织管理能力量表的 38 道题，查看并导出测评结果。

4. 测验步骤

（1）启动系统，以学生账户登录，单击左边"实验项目"下的"标准化测验"，找到"管理能力测验"，单击进入相应测验界面，见图 1-76。

图 1-76　管理能力测验登录界面

（2）单击"开始测试"。

（3）开始测试后，在页面右上角可以看到测试倒计时，左上角可以看到已完成的题目和还没有完成的题目，见图 1-77。学生根据自己的实际情况填写问题，完成后单击"提交"按钮。

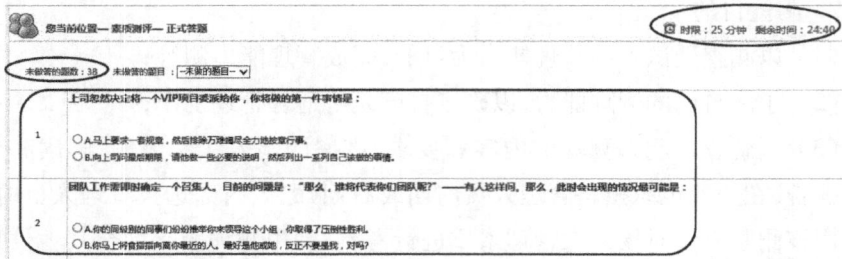

图1-77 管理能力测验界面

（4）当学生没有完成全部题目就单击"提交"按钮时，系统会提示，学生可以通过未完成题目进行查询，把未完成的题目完成；或者单击"确定"按钮，直接提交。

（5）结束测试后在"已完成试卷"中可以查看刚完成测试的实验。

（6）查看测试成绩并下载测试报告。

（7）思考以下问题：

① 请思考要成为优秀管理人员需要具备哪些素质要求？

② 量表是否概括了管理人员应具备的素质？

③ 此量表的预测性效度如何？

5. 测验详解

本测评系统的管理能力测验的4个要素所得的结果为经过分数转换得出百分等级分数。其高分、低分特征的临界分数分别是大于75和小于25。百分等级分数越高，表示被试在该项测验的相对地位越高，水平越高。

实验项目十：大学生创业能力测验

本实验课程从创造力、发散思维和创业动力三个方面综合考察大学生的创业能力，为学生的就业及创业能力提供一个参考，详见表1-16。

表1-16 大学生创业能力测验的类别

测验类别	测验名称	信度
	28. 威廉斯创造力量表	0.79
大学生创业能力	29. 发散性思维测验	0.80
	30. 创业性动力问卷	0.75~0.86

测验 28 威廉斯创造力量表

1. 测验信息

中文名称：威廉斯创造力量表 11

英文名称：Williams Creativity Scale

简　　称：WCS

题目数量：50 题

答题时间：20 分钟

原 创 者：佚名

版　　本：2011 修订版

常模人群：各类人群 400 人

威廉斯创造力倾向测量表通过测试个人的一些性格特点,如冒险性、好奇心、想象力和挑战性来测量个人的创造性倾向。该量表用于发现那些有创造性的个体。高创造力的个体在进行创造性工作时更容易成功,低创造力的个体则循规蹈矩,更适合进行常规型的工作。趋于冒险、好奇心强、想象力丰富、勇于挑战未知的人就是创造性倾向强的人。

2. 测验目的

(1) 以测查受试者的创造力为目的,完成威廉斯创造力量表;

(2) 了解自己的创造力,以确定自己是否适合创业;

(3) 了解威廉斯创造力量表的内容和要求,掌握测验方法和流程,解读和分析测验报告,熟练运用该测验方法发现那些有创造性的个体。

3. 测验要求

(1) 在"踏瑞人才测评教学系统"软件平台上,所有学生在 20 分钟内完成威廉斯创造力倾向测量表的 50 道题,查看并导出测评结果。

(2) 威廉斯创造力倾向测量表通过测验个人的一些性格特点,如冒险性、好奇心、想象力和挑战性,来测量个人的创造性倾向。每个人对这些问题都会有自己的看法,回答自然也是不同的,因而答案并没有"对""错"之分。请不要有所顾忌,应根据自己的真实体验和实际情况来回答,不要花费太多的时间去思考,应顺其自然,根据第一印象作出判断。注意：测验中的每一个问题都要回答,不要遗漏,以免影响测验结果的准确性。

4．测验步骤

（1）启动系统,以学生账户登录,单击左边"实验项目"下的"标准化测验",找到"威廉斯创造力量表",单击进入相应测验界面,见图1-78。

图1-78　威廉斯创造力测验登录界面

（2）单击"开始测试"。

（3）开始测试后,在页面右上角可以看到测试倒计时,左上角可以看到已完成的题目和还没有完成的题目,见图1-79。学生根据自己的实际情况填写问题,完成后单击"提交"按钮。

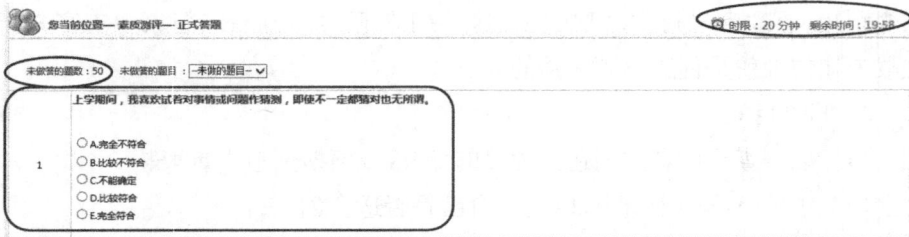

图1-79　威廉斯创造力测验界面

（4）当学生没有完成全部题目就单击"提交"按钮时,系统会提示,学生可以通过未完成题目进行查询,把未完成的题目完成;或者单击"确定"按钮,直接提交。

（5）结束测试后在"已完成试卷"中可以查看刚完成测试的实验。

（6）查看测试成绩并下载测试报告。

（7）思考以下问题:

① 威廉斯创造力量表的主要功能是什么？主要适合哪些群体使用？

② 结合测验结果解释具有创造力倾向人的典型行为表现。

③ 威廉斯创造力倾向量表是否能够真实地测量一个人的创造力倾向？

④ 如何更好地运用测验来预测一个人的创造力，以及利用一个人的创造力优势？

测验 29　发散性思维测验

1. 测验信息

中文名称：发散性思维量表

英文名称：Divergent Thinking Scale

简　　称：DTS

题目数量：8 题

答题时间：5 分钟

版　　本：2011 修订版

常模人群：各类人群 200 人

在吉尔福特的《论创造力》及以后的研究中，他提出这样的观点：在创造性思维过程中，人们可以看到两种情况——发散的过程和辐合（集中）的过程。发散：人从大脑中提取了大量有关的存贮知识，并通过联想与想象，形成若干备择的思路、想法、方案，发散性思维使人的思维趋于灵活，它的结果是不确定的，常有猜测性质。集中：在发散的基础上，根据一定的功用目的，综合多种信息，导出一种结果。本测验正是基于发散思维的特点编制而成，能够快速判断个体的发散思维水平。

2. 测验目的

（1）以测查受试者的发散性思维为目的，完成发散性思维量表测验；

（2）了解自己的发散性思维，以确定自己是否适合创业；

（3）了解发散性思维量表的内容和要求，掌握测验方法和流程，解读和分析测验报告，熟练运用测验结果发现那些有创造性的个体。

3. 测验要求

在"踏瑞人才测评教学系统"软件平台上，所有学生在 5 分钟内完成发散性思维量表的 8 道题，查看并导出测评结果。

4．测验步骤

（1）启动系统，以学生账户登录，单击左边"实验项目"下的"标准化测验"，找到"发散性思维量表"，单击进入相应测验界面，见图1-80。

图 1-80　发散性思维测验登录界面

（2）单击"开始测试"。

（3）开始测试后，在页面右上角可以看到测试倒计时，左上角可以看到已完成的题目和还没有完成的题目，见图1-81。学生根据自己的实际情况填写问题，完成后单击"提交"按钮。

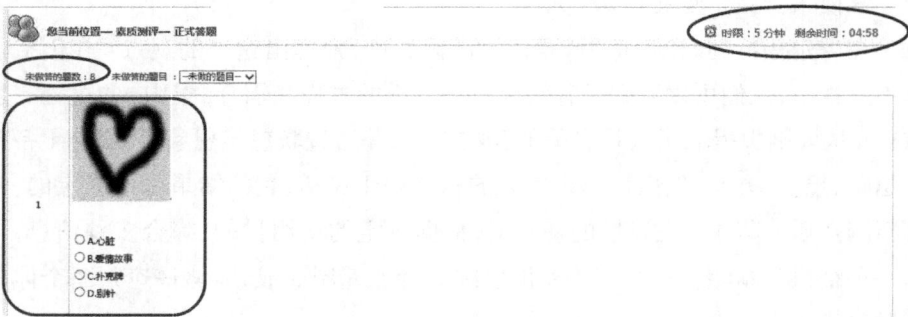

图 1-81　发散性思维测验界面

（4）当学生没有完成全部题目就单击"提交"按钮时，系统会提示，学生可以通过未完成题目进行查询，把未完成的题目完成；或者单击"确定"按钮，直接提交。

（5）结束测试后在"已完成试卷"中可以查看刚完成测试的实验。

（6）查看测试成绩并下载测试报告。

（7）思考以下问题：

① 你认为还有哪些方法能够测量出个体的发散性思维能力？

② 你认为此测试是否能够很好地测量出个体的发散性思维？

③ 此测验的应用范围是什么？

④ 在实际应用中，如何使此测验的功能最大化？

测验 30　创业动力问卷

1. 测验信息

中文名称：创业动力问卷

英文名称：Entrepreneurial Motivation Test

简　　称：EMT

题目数量：16 题

答题时间：5 分钟

版　　本：2011 修订版

常模人群：江苏、上海、江西三省大学生人群 660 人

大学生创业动力的形成主要受到大学生的自创业能力要素构成情况和外创业环境要素构成情况的影响。大学生创业动力是一个多要素组合的系统，在这个系统中，自创业能力要素是形成创业动力的深层次原因。因此，大学生个人的能力是积极的创业助推因素。创业动力与自创业能力要素、外创业环境要素存在着必然的正相关关系，自创业能力要素和外创业环境要素越优，创业动力就越强。本测验根据大学生创业动力的基本特点和构成要素，主要测查了个体的创业动机。

2. 测验目的

（1）以测查受试者的创业动力为目的，完成创业动力问卷；

（2）发掘自己的创业动力和兴趣，以确定自己是否适合创业；

（3）了解创业动力问卷的内容和要求，掌握测试方法和流程，解读和分析测验报告，熟练运用测验结果来发现被测者的成就动机和择业倾向，以更好地指导其职业生涯规划，激发被测者的创业动机。

3. 测验要求

在"踏瑞人才测评教学系统"软件平台上，所有学生在 5 分钟内完成创业动力问卷的 16 道题，查看并导出测评结果。

4. 测验步骤

（1）启动系统，以学生账户登录，单击左边"实验项目"下的"标准化测验"，找到"创业动力问卷"，单击进入相应测验界面，见图1-82。

图1-82　创业动力测验登录界面

（2）单击"开始测试"。

（3）开始测试后，在页面右上角可以看到测试倒计时，左上角可以看到已完成的题目和还没有完成的题目，见图1-83。学生根据自己的实际情况填写问题，完成后单击"提交"按钮。

图1-83　创业动力测验界面

（4）当学生没有完成全部题目就单击"提交"按钮时，系统会提示，学生可以通过未完成题目进行查询，把未完成的题目完成；或者单击"确定"按钮，直接提交。

（5）结束测试后在"已完成试卷"中可以查看刚完成测试的实验。

（6）查看测试成绩并下载测试报告。

（7）思考以下问题：

① 你觉得自己适合创业吗？通过测评你觉得自己距离创业目标还有多大差距？需要在哪些方面加以改进？

② 测验的哪些维度更能显示出自己适合创业？能否正确解释测试结果？

③ 测试结果是否与自己所意识的创业意向相一致？

④ 测验结果是否能够为自己提供更加明确的职业生涯规划？

实验项目十一：人岗匹配素质测评

测验31　工作个性量表

1. 测验信息

中文名称：人岗匹配测评

英文名称：Career Interest Self-assessment Questionnaire

简　　称：CISQ

题目数量：128 题

答题时间：45 分钟

版　　本：2011 最新修订版

常模人群：企业各类人群 1 720 人

职业兴趣，是指人们对某类专业或工作所抱的积极态度。不同的人对于同一职业可能抱有不同的态度；同一个人对不同的职业也可能抱有不同的态度。一个人对某种职业感兴趣，就会在学习和工作中全神贯注、积极热情、富有创造性地努力完成所从事的工作；反之，即使聪明能干，也可能在本专业或本行业中毫无建树。

一个人的职业兴趣不是与生俱来的，而是以一定的素质为前提，在生活实践过程中逐步发生和发展起来的。由于个体之间在素质和生活实践方面有很大的差异，因此，人们的兴趣类型也会表现出很大的个体差异。本测验的职业兴趣包括 12 种类型：使用工具、人际交往、文字符号、地理地质、化工农业、社会福利、行政管理、研究人类、科学技术、创造想象、操纵机器、具体操作。

本测验依据美国劳工部 O＊NET 工作个性模型开发，测量工作领域中的人格特质，现在广泛应用于大学生职业生涯发展规划，在企业招聘选拔中用于职业定向等。

2．测验目的

（1）以测查受试者的职业倾向、个人价值观与工作的匹配度为目的，完成"O ＊ ENT 人岗匹配测评"；

（2）发掘自己的职业倾向、个人价值观，为自己的职业定向提供指导；

（3）了解 CISQ 问卷的内容和要求，掌握测评方法和流程，解读和分析测评报告，熟练运用测验报告发现被测者的职业倾向、个人价值观，根据其不同的需要和动机给予不同的激励和培训，从而提高其职业匹配度和工作绩效。

3．测验要求

（1）在"踏瑞人才测评教学系统"软件平台上，所有学生在 45 分钟内完成 CISQ 的 128 道题，查看并导出测评结果。

（2）本测验是有关工作分析的问题。每个人对这些问题都会有自己的看法，回答自然也是不同的，因而答案并没有"对""错"之分，请不要有所顾忌，应根据自己的真实体验和实际情况来回答，不要花费太多的时间去思考，应顺其自然，根据第一印象作出判断。注意：测验中的每一个问题都要回答，不要遗漏，以免影响测验结果的准确性。

4．测验步骤

（1）启动系统，以学生账户登录，单击左边"实验项目"下的"标准化测验"，找到"O ＊ ENT 人岗匹配测评"，单击进入相应测验界面，见图 1-84。

图 1-84　O ＊ ENT 人岗匹配测评登录界面

（2）单击"开始测试"。

（3）开始测试后，在页面右上角可以看到测试倒计时，左上角可以看到已完成的题目和还没有完成的题目，如图 1-85 所示。学生根据自己的实际情况填写问题,完成后单击"提交"按钮。

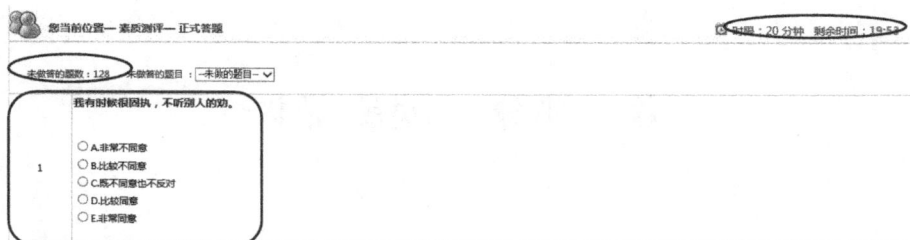

图 1-85 O∗ENT 人岗匹配测评界面

(4)当学生没有完成全部题目就单击"提交"按钮时,系统会提示,学生可以通过未完成题目进行查询,把未完成的题目完成;或者单击"确定"按钮,直接提交。

(5)结束测试后在"已完成试卷"中可以查看刚完成测试的实验。

(6)查看测试成绩并下载测试报告。

(7)思考以下问题:

① O∗ENT 人岗匹配测验有哪些用途?

② 是否清楚此测验的各个维度的测量特征?

③ 是否能够正确理解测验分数?

④ 如何根据测验结果进行人员招聘或者职业定向?

⑤ 在实际应用中,是否能够将此测验与其他测验相结合使用?

第二部分　脑象测评

一、"天智脑象测评系统"简介

（一）测评原理

脑象图是在脑电图理论和综合实践的基础上，通过数据的采集与分析，再辅以电子计算机的成像技术，将被测对象脑电波转换为几何图像，它具有运动性、相关性、整体性和对被研究问题的敏感性，通过对几何图像的整理与分析，可以了解到大脑的功能态势及特征，由此可以进一步分析大脑区域的优劣势、个性特征、潜能、职业倾向等，它同时也是一项国内的原始创新技术。该技术是由我国著名脑电图专家王德垫教授发明的生物活动参量的处理方法，是一项我国首创并且融合了生理、物理、数学、教育等诸多学科的高科技测评技术。

脑象图主要分为四个区域来进行研究和分析，分别为左前区、左后区、右前区和右后区，它们各自代表着不同的评判标准，如图 2-1 所示。左前区属于知识智慧，对应领域为学术研究、分析量化、语言表达和个人奋斗；左后区属于经验智慧，对应领域为追求实效、动手实践、计划周全和细节操作；右前区属于创造智慧，对应的领域为视觉敏锐、寻求刺激、想象前瞻和发明创造；右后区属于感觉智慧，对应的领域为凝聚团队、咨询服务、情感表达与关系协调。

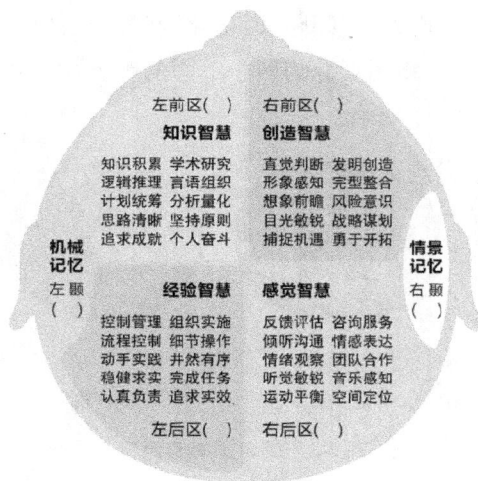

左前区( )　　右前区( )
知识智慧　　**创造智慧**

知识积累　学术研究　　直觉判断　发明创造
逻辑推理　言语组织　　形象感知　完型整合
计划统筹　分析量化　　想象前瞻　风险意识
思路清晰　坚持原则　　目光敏锐　战略谋划
追求成就　个人奋斗　　捕捉机遇　勇于开拓

机械　　　　　　　　　　　　　　**情景**
记忆　　　　　　　　　　　　　　**记忆**
左颞　　**经验智慧**　　**感觉智慧**　右颞
( )　　　　　　　　　　　　　　　　( )

控制管理　组织实施　　反馈评估　咨询服务
流程控制　细节操作　　倾听沟通　情感表达
动手实践　井然有序　　情绪观察　团队合作
稳健求实　完成任务　　听觉敏锐　音乐感知
认真负责　追求实效　　运动平衡　空间定位

左后区( )　　右后区( )

图 2-1　脑象图的分区

根据图形的特征不同,可将脑象图分为如图 2-2 所示的 13 类。特征相近似的,分别命名为 XX 型和准 XX 型。

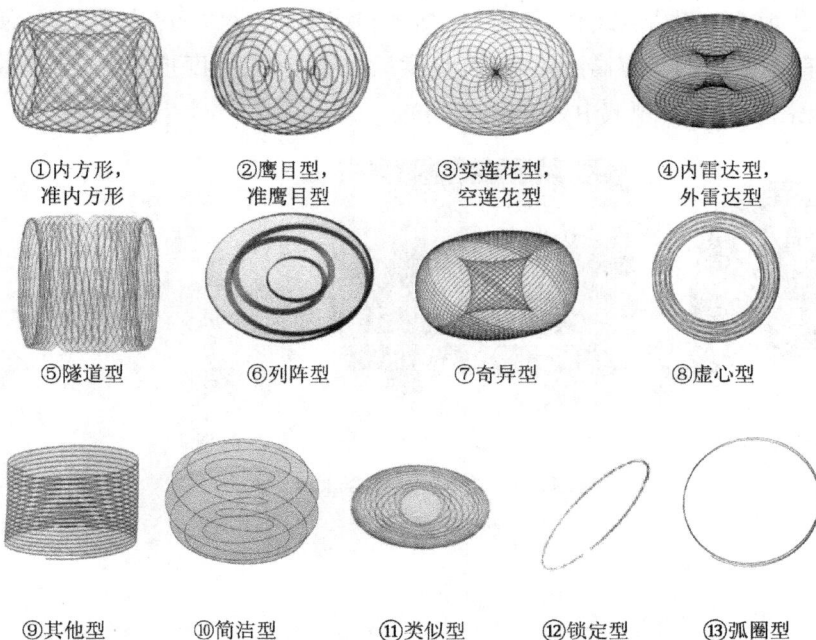

①内方形,　　②鹰目型,　　③实莲花型,　　④内雷达型,
准内方形　　　准鹰目型　　　空莲花型　　　外雷达型

⑤隧道型　　　⑥列阵型　　　⑦奇异型　　　⑧虚心型

⑨其他型　　⑩简洁型　　⑪类似型　　⑫锁定型　　⑬弧圈型

图 2-2　脑象图分类

根据脑象图的图像面积、线间距、网格化、花样、立体感、丰满性、完整性、均匀性、起伏性、急转弯，可将图形分为四个不同的等级：特优、优秀、良好和中等，如图 2-3 所示。

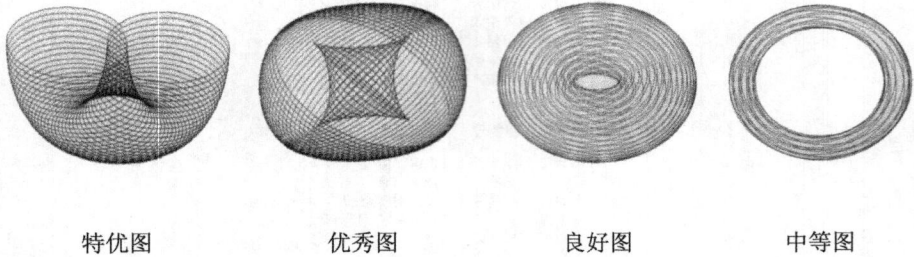

| 特优图 | 优秀图 | 良好图 | 中等图 |

图 2-3　脑象图等级示例

（二）测评技术

本实验课程选择了北京天智脑象科技有限公司自主研发的"脑象测试仪 Talents-300"作为实验技术手段，如图 2-4 所示。该仪器结合了脑电图仪器、脑象图技术和计算机技术经多学科专家研制而成，主要用于脑象图测评的检测、取图、生成测验报告等工作，如图 2-5 所示。该仪器外尺寸小巧，重量轻，便于随时携带外出工作；具有高度集成性、高度工作稳定性、高度抗干扰能力，目前在脑电象图仪的研制领域中处于领先地位。

图 2-4　脑象测试仪 Talents-300

图形技术
分类结果　———　图形信息
分析结果　———　图形与常模
比较结果

综合分析
天智脑象分析系统

生成评价报告

优势轴　　　　　　语言组织智能

优势区　　　数理逻辑智能　音乐感知智能

最佳区　　　发现创新智能　书法绘画智能

综合特征　　人际交往智能　身体运动智能

动手操作智能　空间感知智能

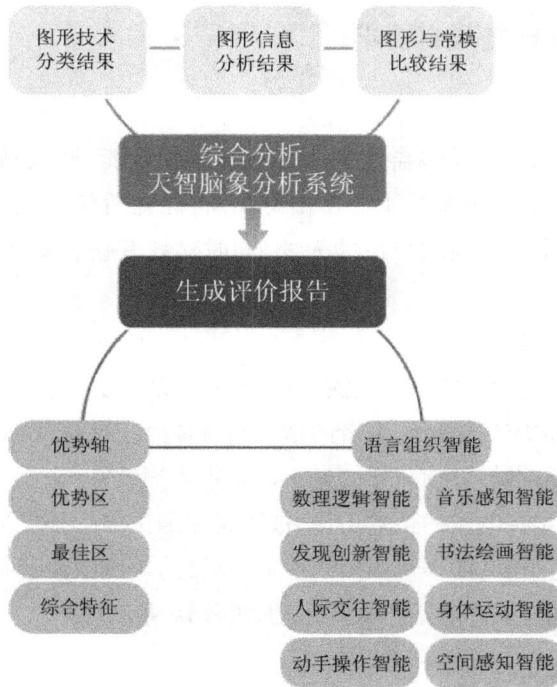

图 2-5　天智脑象分析系统

利用"脑象测试仪 Talents-300"开展脑象图测评时,必须经过信息采集、特征分析、技术分析及综合评价四部分工作,具体流程如图 2-6 所示。

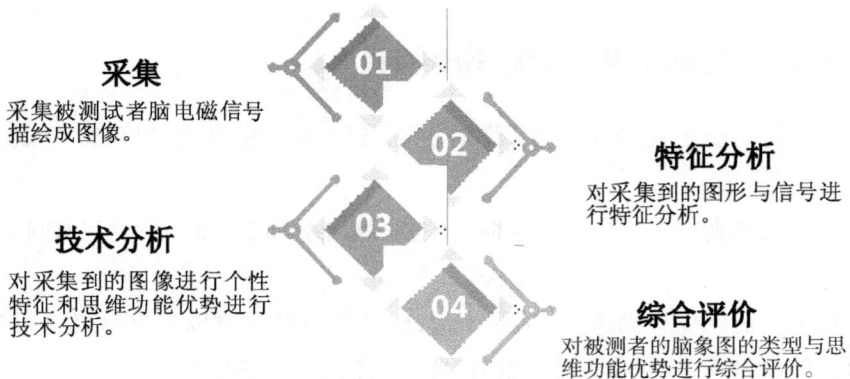

采集
01
采集被测试者脑电磁信号
描绘成图像。

02
特征分析
对采集到的图形与信号进行特征分析。

技术分析
03
对采集到的图像进行个性
特征和思维功能优势进行
技术分析。

04
综合评价
对被测者的脑象图的类型与思维功能优势进行综合评价。

图 2-6　脑象图测评技术的工作流程

二、实验目标与基本要求

（一）实验目标

本实验的目的在于培养学生的人才测评操作技能，通过测评演练，分析被测者的脑象图，了解其潜在智能的发掘情况，将课堂所学的理论知识系统全面地应用于选拔岗位所需要的合适的人才，同时建议其扬长避短，更好地开展职业生涯规划。

（二）实验要求

为保证测试信息准确有效，在测试前应注意以下几点：

（1）在测试时应当保证被测者的精神和身体处于良好状态；

（2）被测者不得将影响信号的电子设备带入测试室；

（3）为避免影响电极的正常工作，被测者在测试前必须保证头发的清洁；

（4）被测者在测试前不得服用镇静剂、感冒药等刺激性药物；

（5）在测试前，被测者不得大量运动，需保持情绪稳定。

三、实验课程安排

根据实验内容及教学课时的要求，本实验安排的课时为 2 课时，每课时 45 分钟。考虑到本实验的内容和操作的复杂性，教师也可以根据需要在课后加强实验。

四、"天智脑象测评系统"操作流程

（1）进行脑象图测试之前，先对被测者讲解实验要求，以提高测试的有效性。

（2）被测者以正常姿势坐在椅子上，双腿自然垂直，两手平放至双腿，双目微闭。

（3）将脑象仪开机预热 10 分钟，在这段等待时间可以为被测者选择并佩戴合适的电极帽，按照电极帽的设计，将左右脑电极（左右脑各 9 个、中间 1 个）对称、均匀分布在脑区各个位置，并保证电极能充分接触头皮，最后将导联线连接完毕即可。

（4）双击图标 ，进入脑象图取图软件界面，如图 2-7 所示。

图 2-7 脑象测试仪取图软件界面

（5）单击"开始监测"程序中的电极测量界面，并打开放大器上的"定标"按钮，查看 16 通道信号状态，是否均遵循图 2-8 所示的信号状态，是否有直线出现，如果出现直线说明电极连接有问题，需检查相应电极连接线。

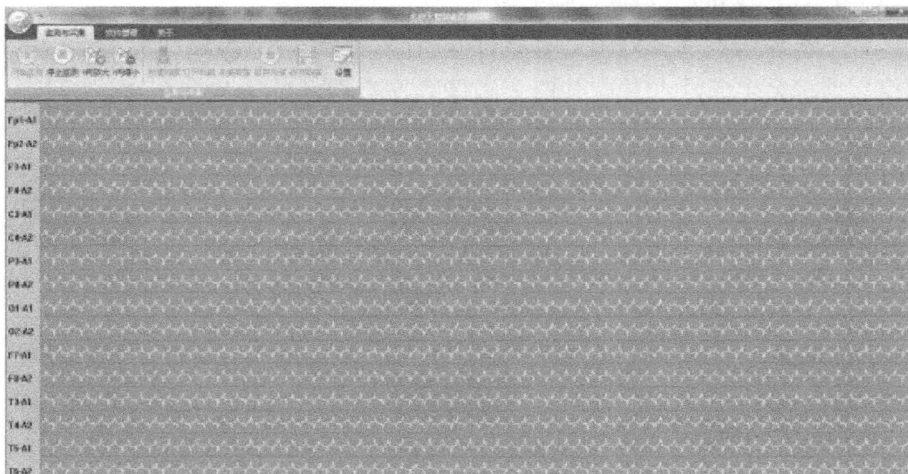

图 2-8 脑象测试仪取图软件电极测试界面

（6）导联线检查无误后，关闭放大器上的"定标"按钮，单击取图软件中的

"创建档案"按钮,如图2-9所示。

被测试人员信息

姓名:
性别: ⦿男 ○女
出生日期: 2014/05/12
利手: ⦿左 ○右
学历: 博士
评测类型: ⦿普测 ○精测
职业/特长:
已测试次数: 0
备注:

创建   取消

图2-9　创建档案界面

（8）填写好被测人员的基本信息,安抚被测者使其大脑保持冥想状态,单击"采集数据"按钮,开始进行脑象图采集。

（9）对被测者采集的脑电波进行取图,共采集三轮,每轮产生12组数据,每组数据都会生成六个对应其四个脑区和左右两颞的脑象图图形,如图2-10所示。

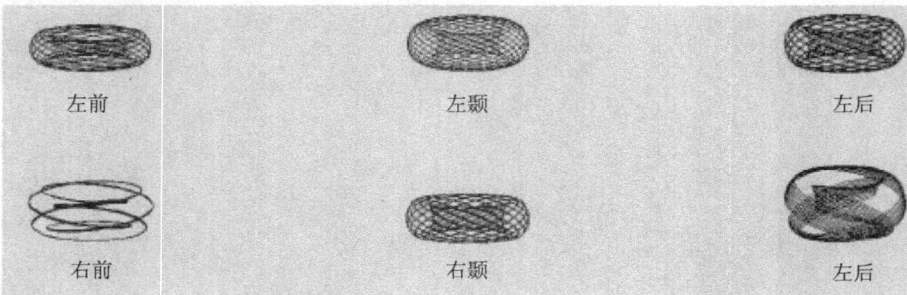

左前　　　　左颞　　　　左后

右前　　　　右颞　　　　左后

图2-10　脑部四个区域及左颞和右颞的脑象图示例

（10）再由专业人员对图形进行筛选,选出有效图形,筛选完毕后剩余有效数据的组次在 15~20 之间。

（11）最后，运行报告管理工具，由系统生成脑象图测试报告。报告中包含被测者测试图例的类型及数量、思维特征测试值、脑功能及对应脑区示意图、行为风格特征示意图、智能类型及得分、合适的职业取向等内容。

五、实验项目指导

实验一：儿童脑象智能测评

1. 实验目的

（1）以儿童智力开发为目的，完成儿童脑象智能测评；

（2）掌握脑象测评的原理和应用；

（3）掌握脑象测评的流程和方法；

（4）解读和分析儿童脑象智能测评的结果，使被测儿童对自身的智能开发有一个全面的认识，客观评价其优势和劣势，帮助其在今后的学习和发展中发挥优势、培养兴趣爱好和特长，改进或规避不足。

2. 实验步骤

（1）将脑象仪开机预热；

（2）为被测儿童佩戴电极帽；

（3）打开脑象图取图软件；

（4）创建被测儿童档案；

（5）单击"采集数据"按钮，开始进行脑象图采集；

（6）对被测儿童采集的脑电波进行取图，共采集 3 轮；

（7）筛选有效图形 15～20 幅图；

（8）运行报告管理工具，由系统生成脑象图测试报告；

（9）导出测试报告，并向被测儿童解读报告。

3. 实验报告解读

（1）被测儿童基本信息

性别：男

出生日期：2007.06.04

习惯用手：右

（2）测试状态

脑疲劳度：正常

情绪状态：很好

（3）测试结果（见图2-11）

- 测试状态
  脑疲劳度：正常
  情绪状态：很好
- 各脑区得分
  右前区—创造智慧（15.36）
  左前区—知识智慧（15.50）
  左后区—经验智慧（12.84）
  右后区—感觉智慧（15.78）
  左颞区—机械记忆（13.49）
  右颞区—情景记忆（14.42）
- 脑力指数
  脑力指数　　（90.44）
  参考值：正常（≥70分）；
  　　　　一般（＜70分）
- 脑区功能均衡度
  脑区功能均衡度　　一般

• 潜在智能测试结果（星级）及指标解释

语言组织潜能：★ ★ ☆
数理逻辑潜能：★ ★ ☆
发现创新潜能：★ ★ ★ ★ ☆
人际交往潜能：★ ★ ★ ☆
自我认知潜能：★ ★ ★ ★ ★ ★
动手操作潜能：★
音乐感知潜能：★ ★ ★ ★ ☆
书法绘画潜能：★ ★ ★ ☆
身体运动潜能：★ ★ ★ ☆
空间感受潜能：★ ★ ★ ★ ☆

图 2-11　儿童脑象智能测评结果

实验二：成人脑象智能测评

1. 实验目的

（1）以成人智力认识和开发为目的,完成成人脑象智能测评;

（2）掌握脑象测评的原理和应用;

（3）掌握脑象测评的流程和方法;

（4）解读和分析成人脑象智能测评的结果,使被测成人对自身的智能开发有一个全面的认识,客观评价优势和劣势,从而能够在今后的学习和工作中发挥优势,改进或规避自身的不足,为职业规划和发展提供相应的建议。

2. 实验步骤

（1）将脑象仪开机预热;

（2）为被测者佩戴电极帽;

（3）打开脑象图取图软件;

（4）创建被测者档案;

（5）单击"采集数据"按钮,开始进行脑象图采集;

（6）对被测者采集的脑电波进行取图,共采集 3 轮;

（7）筛选有效图形 15~20 幅图;

（8）运行报告管理工具,由系统生成脑象图测试报告;

（9）导出测试报告,并向被测者解读报告。

3. 实验报告解读

（1）被测者基本信息

性别：女

出生日期：1996.07.15

习惯用手：右

职业特长：无

教育学历：大学

（2）测试数据（见表 2-1 和表 2-2）

表 2-1　成人脑象测评 54 幅测试图例概况

图例类型	幅数	图例类型	幅数	图例类型	幅数
内方型	21	鹰目型	1	莲花型	7
雷达型	1	隧道型	3	列阵型	4
奇异型	0	虚心型	0	其他型	5
简洁型	1	类似型	11	类方型	0
类莲型	0				

表 2-2　成人脑象测评 54 幅测试图例质量情况

区　域	质　量	优秀图	典型图	非典型图	分　值
左半球	前区	5	8	1	14.50
	颞	8	9	0	15.71
	后区	4	7	2	14.09
右半球	前区	6	6	3	14.39
	颞	2	1	8	13.29
	后区	7	6	3	14.79
合计		32	37	17	86.77
总分		86.77			

（3）测试结果

① 思维特征（见图 2-12）。

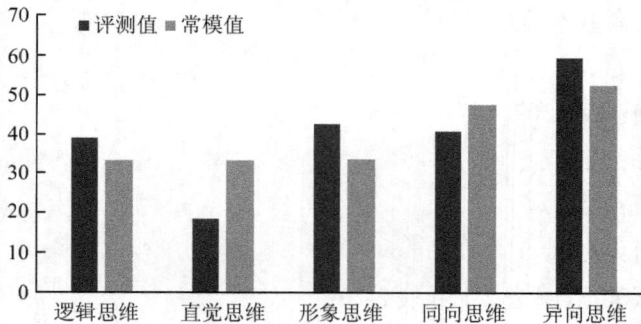

图 2-12　成人脑象测评思维特征条形图示例

② 脑象特征（见图 2-13）。

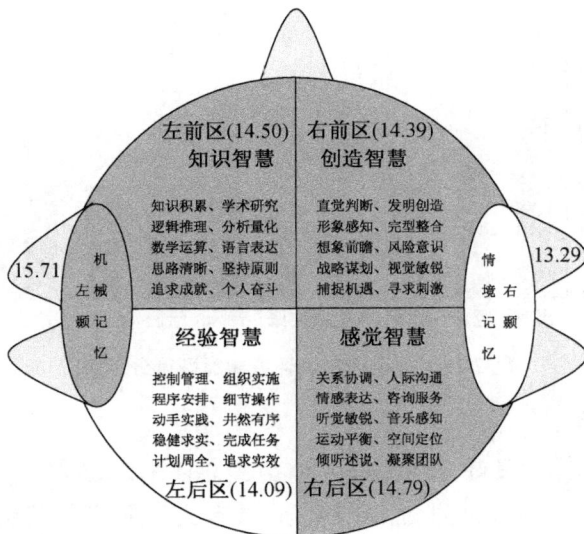

注：深色区域为相对优势区域

图 2-13　成人脑象测评脑功能与对应脑区示意图

③ 行为风格特征（见图 2-14）。

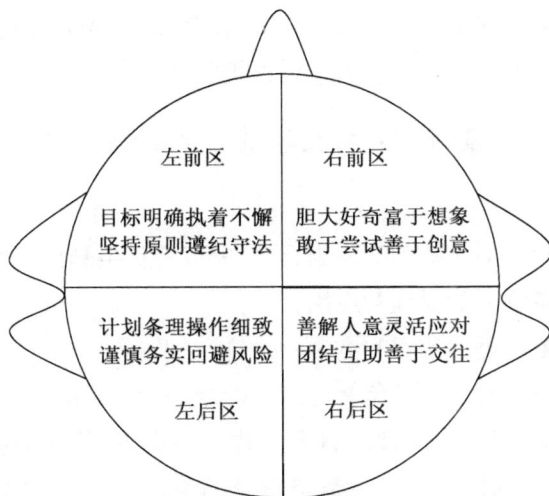

图 2-14　成人脑象测评行为风格特征示意图

④ 智能类型（见图 2-15）。

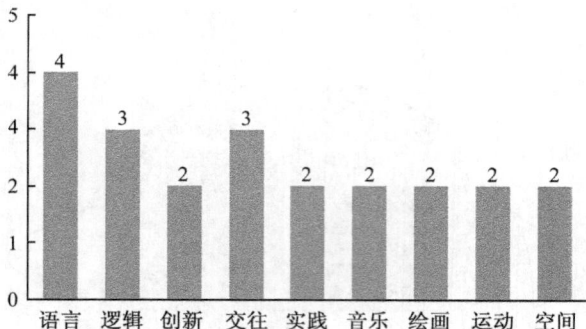

图 2-15　成人脑象测评智能类型得分示例

⑤ 综合评价：

脑象图显示图形良好，得分为 86.76 分。总体来讲，左颞得分为 15.71 分，具有明显的优势；右后得分为 14.79 分，具有比较明显的优势；左前得分为 14.50 分，具有比较明显的优势；右前得分为 14.39 分，具有比较明显的优势。相对而言，左后区的经验智慧有不足、右颞区的情境记忆有不足。

您属于左颞、右后、左前、右前脑优势型。

上述这几种脑潜质特征有利于机械记忆、感觉智慧、知识智慧、创造智慧的相互协调与发展。在机械记忆能力、协调合作能力、知识积累能力、发明创新能力等方面有一定的发展优势。今后在语言等领域会有更好的发展空间。

实验三：特长生脑象智能测评

1. 实验目的

（1）以特长生智力认知和开发为目的，完成特长生脑象智能测评；

（2）掌握脑象测评的原理和应用；

（3）掌握脑象测评的流程和方法；

（4）解读和分析特长生脑象智能测评的结果，使被测特长生对自身的智能开发有一个全面的认识，客观评价自身的优势和劣势，从而能够在今后的学习和工作中发挥自己的特长，改进或规避自身的不足，为特长生的职业生涯发展提供建议。

2．实验步骤

（1）将脑象仪开机预热；

（2）为被测者佩戴电极帽；

（3）打开脑象图取图软件；

（4）创建被测者档案；

（5）单击"采集数据"按钮，开始进行脑象图采集；

（6）对被测者采集的脑电波进行取图，共采集 3 轮；

（7）筛选有效图形 15~20 幅图；

（8）运行报告管理工具，由系统生成脑象图测试报告；

（9）导出测试报告，并向被测者解读报告。

3．实验报告解读

（1）被测者基本信息

性别：男

出生日期：1994.04.28

习惯用手：右

职业特长：排球

教育学历：大学

（2）测试数据（见表 2-3 和表 2-4）

表 2-3　特长生脑象测评 54 幅测试图例概况

图例类型	幅数	图例类型	幅数	图例类型	幅数
内方型	16	鹰目型	1	莲花型	10
雷达型	0	隧道型	5	列阵型	4
奇异型	0	虚心型	1	其他型	2
简洁型	1	类似型	14	类方型	0
类莲型	0				

表 2-4　特长生脑象测评 54 幅测试质量状况

区　域	质　量	优秀图	典型图	非典型图	分　值
左半球	前区	1	3	6	11.15
	颞	3	4	5	13.69
	后区	7	6	3	15.30
右半球	前区	6	8	1	14.90
	颞	8	9	0	15.71
	后区	5	7	2	13.98
合计		30	37	17	84.73
总分		84.73			

（3）测试结果

① 思维特征（见图 2-16）。

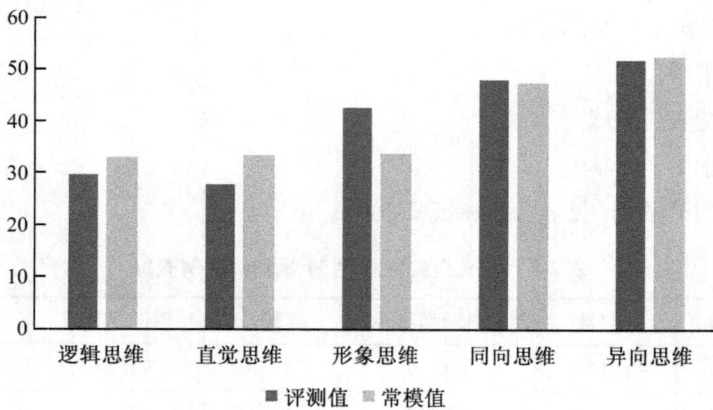

图 2-16　特长生脑象测评思维特征示例

② 脑象特征(见图2-17)。

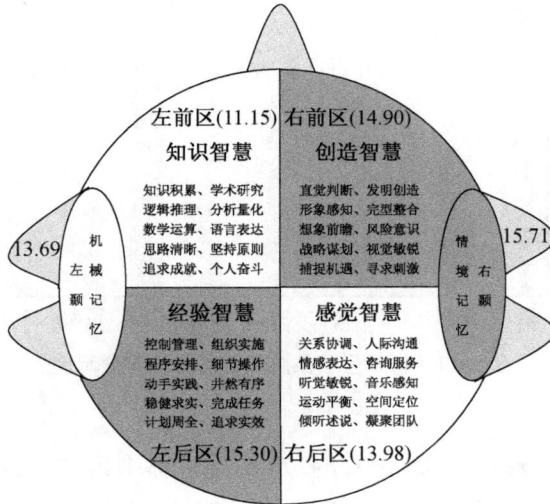

左前区(11.15)　右前区(14.90)

知识智慧　　**创造智慧**

知识积累、学术研究　　直觉判断、发明创造
逻辑推理、分析量化　　形象感知、完型整合
数学运算、语言表达　　想象前瞻、风险意识
思路清晰、坚持原则　　战略谋划、视觉敏锐
追求成就、个人奋斗　　捕捉机遇、寻求刺激

13.69　机 左 械 颞 记 忆　　情 境 右 记 颞 忆　15.71

经验智慧　　**感觉智慧**

控制管理、组织实施　　关系协调、人际沟通
程序安排、细节操作　　情感表达、咨询服务
动手实践、井然有序　　听觉敏锐、音乐感知
稳健求实、完成任务　　运动平衡、空间定位
计划周全、追求实效　　倾听述说、凝聚团队

左后区(15.30)　右后区(13.98)

注:深色区域为相对优势区域

图2-17　特长生脑象测评脑功能与对应脑区示意图

③ 行为风格特征(见图2-18)。

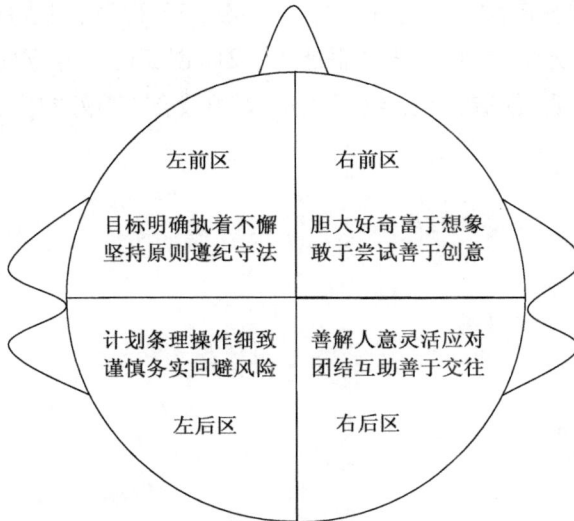

左前区　　右前区

目标明确执着不懈　　胆大好奇富于想象
坚持原则遵纪守法　　敢于尝试善于创意

计划条理操作细致　　善解人意灵活应对
谨慎务实回避风险　　团结互助善于交往

左后区　　右后区

图2-18　特长生脑象测评行为风格特征示意图

④ 智能类型(见图 2-19)。

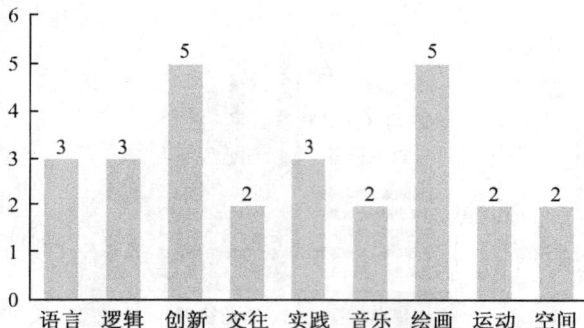

图 2-19 特长生脑象测评智能类型得分示例

⑤ 综合评价:

脑象图显示图形良好,得分为 84.74 分。总体来讲,右颞得分为15.71 分,具有明显的优势;左后得分为 15.30 分,具有明显的优势;右前得分为14.90 分,具有比较明显的优势。相对而言,右后区的感觉智慧有不足、左颞区的机械记忆有不足、左前区的知识智慧有不足。

属于右颞、左后、右前脑优势型。

上述这几种脑潜质特征有利于情境记忆、经验智慧、创造智慧的相互协调与发展。在情境记忆能力、实践动手能力、发明创新能力等方面有一定的发展优势。今后在发明、创造、音乐、绘画、书法等领域会有更好的发展空间。